놀라운

선천지능

춘광 **김배성** 지음

## 우리 아이의 미래를 위한 검사보고서

　길고 긴 인생길을 걸으며 우리는 기쁨과 슬픔, 만남과 이별, 성공과 실패의 순간순간을 겪는다. 때때로 절실하게 운명을 논하곤 하지만 안타깝게도 그 운명의 원점이 무엇인지는 생각하지 않는다. 또한 정신없이 세상을 살다 보면 놓치면 안 되는 중요한 일임에도 불구하고 아무렇지 않게 지나치는 일들이 너무나 많다. 그중의 하나가 바로 '인간은 천체의 영향으로부터 한순간도 자유로울 수 없다.'는 사실이다.

　어쩌면 우리 운명의 수레바퀴는 모든 존재를 지배하는 우주라는 거대한 사이클에 속한 사소한 부분에 지나지 않을지도 모른다. 광대무변한 우주의 한복판에 존재하는 나와 가정, 사회가 질서를 유지하고 행복이라는 목표를 향해 가고 있다면 그 길을 찾아가는 나름의 법칙과 방법이 있지 않을까?

　나 자신도 행복을 향하는 길을 찾지 못해 방황하고 시련에 빠졌던 시절도 있었다. 그 시절에 행복의 길을 찾아 서양의 책들을 탐독하며 방법을 모색해보았지만 이 방법들로는 나의 타고난 천성이나 인생의 진로를 알 길이 없었다. 이에 답답한 심사를 토로할 길이 없어 홀로 길을 찾아 헤매다가 우연히 사주명리학을 알게 되었다. 그리고 곧 나의 갈 길을 정확히 짚어주는 사주명리학의 놀라운 세계를 경험하며 감탄할 수밖에 없었다. 출생 연월일시로 구성되는 사주에는 우주의 영향을 받은 개인의 선천성이 고스란히 들어 있었기 때문이다.

사주명리학을 통해 스스로도 잘 몰랐던 내 성격의 장단점을 낱낱이 알 수 있었고, 개개인의 사주 분석을 통해 그 사람이 무엇을 잘하는지, 무엇을 잘 못하는지, 언제 잘되고, 언제 잘 안 되는지의 미래가 신비스럽게 드러나는 것이었다.

이처럼 놀라운 경험을 통해 나는 '사주는 위대한 과학'이라는 결론을 내리게 되었고, 그 뒤 대학에 학과를 개설하여 본격적인 연구를 시작하였다.

나는 17년 동안 사주를 연구한 결과 개인의 사주에는 자신만의 신비한 우주 유전자가 있음을 밝혀내게 되었으며, 그것은 바로 타고난 개인의 적성에 해당되므로 이를 '선천적성'이라 칭하였다.

그 뒤 선천적성을 놓고 인접 학문과의 비교 연구를 통해 개인의 선천적성에 가드너의 다중지능과 일맥상통하는 열 개의 지능이 포함되어 있음을 알게 되었다.

이에 필자는 개인의 주관적인 선천적성을 서양의 다중지능 이론과 비교분석하면서 사주명리에 과학적인 분석 방법을 도입한 새로운 적성검사 기술을 만들어냈다.

이것이 바로 2008년 5월에 발명특허를 취득한 '사주를 이용한 성격 및 적성검사 방법'이였다.

이 적성검사 방법을 통해 한국은 세계 최초로 사주명리학의 과학적 적성검사 방법이라는 신기술을 탄생시킨 것이다. 중국, 일본을 제치고 한국이 세계 최초로 사주명리학을 토대로 한 과학적 적성검사 방법을 개발하게 되었다는 것이 나름 흐뭇하다.

선천적성검사는 자신의 적성을 제대로 알지 못해 많은 시간과 노력을 들여야만 했던 사람들에게 자신의 타고난 소질과 재능을 빠르고 쉽게 발견할 수 있는 지름길을 제시해주는 획기적인 신기술이라고 하겠다.

> 선천적성검사연구소는 2009년 4월부터 6월, 10월부터 11월까지 4개월 동안 경기대학교 취업지원팀의 취업지원프로그램에 참가하여 대학생 250명을 대상으로 선천적성검사와 면접 상담을 실시하였다. 학과적성 비교 결과 적합한 학과를 선택한 학생들은 진로효능감이 매우 높은 반면, 적성과 맞지 않는 학과를 선택한 학생들은 진로효능감이 매우 낮게 나타났다. 또한 직업적성 결과와 희망 직업과의 비교에서 일치한 학생은 미래 진로에 대한 자기효능감이 높았으며 불일치한 학생은 미래 진로에 대한 자기효능감이 매우 낮게 나타났다. 이와 같은 검사결과는 최대한 중학교 진학 이전에 자신의 선천적성을 찾은 다음 진로를 탐색해야 함을 반증한다.

우주가 인간에게 미치는 관계를 통해 행복한 인생의 법칙을 찾을 수 있다는 선천적성 이론이 어찌 보면 다소 막연하고 허무맹랑해 보일지도 모른다. 하지만 선천적성검사의 시행으로 인해 이제 개인의 선천지능 계발이 얼마나 중요한지는 성공한 사람들의 사례를 통해 충분히 입증되고 있다.

현재 사주명리의 이론들은 국내는 물론 세계적으로도 인정할 만한 과학적인 연구결과를 내놓고 있는 만큼 여기서 일일이 객관적인 과학성 여부를 운운하지는 않겠다. 필자가 주장하는 사주의 놀라운 선천지능에 대한 구체적인 실제는 본문에서 자세히 논하도록 하겠다.

분명한 것은 시대의 흐름을 타고 문명의 틀이 변화하듯이 사랑하는 자녀의 현명한 미래를 선택하기 위해 부모님들은 이 책에 언급된 '놀라운 선천지능'이 줄 수 있는 우리 아이의 미래에 대한 검사보고서에 귀 기울여야만 급변하는 시대의 흐름에 뒤처지지 않고 중심에 서 있을 수 있을 것이다.

지금까지 제시된 수많은 적성검사들은 거의 질문지법에 의한 검사였다. 그러나 선천적성검사의 강점은 정확성과 그 검사의 간편성에 있다. 지금까지의 질문지법에 의한 검사들은 다음과 같은 문제가 발생할 수밖에 없다.

- 우선 수많은 질문에 답을 할 수 있는 인지능력이 우선되어야 한다.
- 인지능력이 되더라도 너무나 많은 분량의 질문에 아이들이 지치거나 대충하게 되어 엉뚱한 결과를 낳을 수도 있다.
- 질문의 성격을 파악하여 원하는 검사결과가 나오도록 답을 조작할 수 있다.
- 평소 부모가 원하는 답을 써내는 형식적인 검사로 끝날 수 있다.
- 의사 표현이 안되는 영유아 때에는 진로적성 파악이 불가능하다.

100살이 되어가는 할아버지, 할머니도 자신을 모르는데 네댓 살 먹은 아이들이 얼마나 자신을 잘 알고 답할 수 있겠는가?

이 책은 부모님들이 사랑하는 자녀가 자신의 선천적성을 어려서부터 알아 최소한 자신이 잘할 수 있고, 흥미 있어 하는 분야로 나아갈 수 있는 기본적인 지침을 마련해줄 수 있는 진로적성의 나침반이 되어줄 것이다.

다소 어렵고 이해가 안되는 부분이 있더라도 이 책에서 제시하고자 하는, 사랑하는 자녀의 선천지능의 조기 발견을 위해서라도 이 책이 널리 읽혀 자녀들이 올바른 길을 갈 수 있도록 하는 데 주춧돌이 될 수 있다면 저자로서 더 이상 바랄 것이 없겠다.

사랑하는 자녀의 현명한 미래를 선택하기 위해 부모들은 이 책에 언급된 '놀라운 선천지능'이 줄 수 있는 우리 아이의 미래에 대한 검사보고서에 귀 기울여야 한다.

이 책을 통해 사랑하는 자녀가 자신의 선천적성을 부모와 공유하고 어려서부터 최소한 자신이 잘할 수 있고, 흥미 있는 분야로 나아갈 수 있기를 바란다.

2010년 3월

충정로 선천적성검사연구소에서
春光 김배성 서

## 일러두기

* 본 책의 저술목적에 따라 사주명리학의 자세한 이론체계는 기술하지 않았으므로 독자들의 이론적 배경에 대한 이해에 한계가 있을 수 있다.

* 본 책에 등장하는 인물들의 사례 중 일부는 지인을 통하였거나 공개된 정보에서 자료를 얻었으므로 출생사주의 정확성에는 오차가 있을 수 있다.

* 본 책에 등장되는 인물들의 출생 연월일시와 사주구성은 개인정보 보호차원에서 모두 비공개로 하였음을 밝힌다.

# CONTENTS

🔍 저자의 말                                                          4

## Part 1
## 떡잎부터
## 시작하자

01 타고난 대로 키우자                                                 21

02 타고난 소질이 왜 중요한가?                                         27

03 귀중한 것은 시간이다! 일찍 시작하자                                30

04 인생의 목표를 바꾸는 동기부여!                                     37

Part **2**

# 타고난
# 직업체질을 찾아라

| | |
|---|---|
| **1장 잘 먹고 잘사는 법** | 51 |
| 01 아이가 잘하는 일을 찾아줘라 | 52 |
| 02 직업에도 체질이 있다 | 57 |
| | |
| **2장 직업선천성** | 59 |
| 01 놀라운 선천지능 | 60 |
| 02 선천적성 트라이앵글 | 72 |
| | |
| **3장 타고난 직업체질** | 75 |
| 01 타고난 직업체질이 있다 | 76 |
| 02 직업유형이란? | 80 |
| 03 업무수행기능이란? | 83 |
| 04 직업체질 스타일 | 85 |
| | |
| **4장 위험감수수준과 직무 스타일** | 91 |
| 01 위험감수수준이란 | 92 |
| 02 위험감수수준과 직업 | 94 |
| | |
| **5장 직업체질을 찾아 성공한 사람들** | 98 |
| 01 퇴출 대상 1호 성찬 씨, 선천적성인 장사로 성공하다 | 99 |
| 02 의사였다가 타고난 적성을 찾아 변호사가 된 영우 씨 | 103 |

Part **3**

# 직업 스타일과
# 놀라운 선천지능

### 1장 교육가 스타일과 사고지능      112
01 사고지능의 특징      113
02 우수한 사고지능을 발전시켜 성공한 사람들      115

### 2장 문학가 스타일의 인식지능      120
01 인식지능의 특징      121
02 우수한 인식지능을 발전시켜 성공한 사람들      123

### 3장 운동가 스타일의 자존지능      129
01 자존지능의 특징      130
02 우수한 자존지능을 발전시켜 성공한 사람들      132

### 4장 모험가 스타일의 경쟁지능      137
01 경쟁지능의 특징      138
02 우수한 경쟁지능을 발전시켜 성공한 사람들      140

### 5장 연구가 스타일의 연구지능      145
01 연구지능의 특징      146
02 우수한 연구지능을 발전시켜 성공한 사람들      148

## 6장 발명가 스타일의 표현지능 153
01 표현지능의 특징 154
02 우수한 표현지능을 발전시켜 성공한 사람들 156

## 7장 사업가 스타일의 평가지능 161
01 평가지능의 특징 162
02 우수한 평가지능을 발전시켜 성공한 사람들 164

## 8장 설계가 스타일의 설계지능 169
01 설계지능의 특징 170
02 우수한 설계지능을 발전시켜 성공한 사람들 172

## 9장 정치가 스타일의 행동지능 177
01 행동지능의 특징 178
02 우수한 행동지능을 발전시켜 성공한 사람들 180

## 10장 공직자 스타일의 도덕지능 185
01 도덕지능의 특징 186
02 우수한 도덕지능을 발전시켜 성공한 사람들 188

Part **4**

# 선천적성으로
# 성공한 사람들

**1장 선천지능 이야기**                                          197

**2장 세상에 이런 일이-실제 분석 사례**                          215
01 미국 명문대 8곳 동시 합격자 천혜림                          216
02 꼴찌 불량학생 유라는 선천적성을 찾아 미용학과 교수가 되었다!   222
03 파티세가 되기 위해 유학을 간 채은이                          230
04 지독한 말썽꾸러기 윤덕이도 선천적성을 찾아 연구원이 되었다!     235

# Part 5
# 선천적성검사

### 1장 사주명리학과 학문의 융합     243
01 선천적성검사 AAT의 탄생 배경     244
02 학문의 융합과 현대 과학명리의 결정체     247
03 선천적성검사 AAT는 특허받은 적성검사다     250

### 2장 선천적성검사 AAT의 항목     253
01 선천적성검사란     256
02 선천적성과 진로탐색     258
03 선천적성검사의 올바른 활용     260
04 선천적성검사 결과에 대한 조언     262
05 보고 자료     270

 맺음말     276

# 놀라운 선천지능

타고난 대로 키우자.

타고난 소질이 왜 중요한가

귀중한 것은 시간이다! 일찍 시작하자.

인생의 목표를 바꾸는 동기부여

PART

1

떡잎부터
시작하자

# 01 타고난 대로 키우자

모든 아이들은 자신만의 선천적 소질을 가지고 태어났다. 따라서 부모의 바람과는 다르더라도, 또 아이가 부모와 다른 소질을 발휘하더라도 전혀 이상한 것이 아니다. 원래 그럴 수밖에 없는 소질과 재능, 하고 싶은 것들이 바로 그 아이가 성공할 수 있는 선천적 성이다.

"저 아이는 천성이 원래 그래!"

"선천적으로 소질을 타고 났나봐!"

어른들이 아이들을 보면서 흔히 하는 이 말들은, 사람은 태어날 때부터 자기만의 기질을 가지고 태어났다는 것을 인정하는 말이다. 사주 선천지능은 이렇게 타고난 지능을 계발하여 직업적성을 찾자는 이론이다. 이것은 태어난 순간의 연월일시 정보로부터 이 모든 것들을 분석할 수 있으며 결국 빠른 시기에 맞춤형 진로지도를 할 수 있다는 이론이다.

## 선천적성(先天適性)

| 先 | 먼저 선 | 나아가다, 옛날… |
|---|---|---|
| 天 | 하늘 천 | 천체, 천체의 운행, 태양… |
| 適 | 갈 적 | 가다, 이르다, 도달하다… |
| 性 | 성품 성 | 성질, 생명, 목숨… |

선천의 국어사전적 의미는 태어나면서 몸에 지니고 있는 것을 의미한다. 바로 타고난 적성이 있다는 의미가 된다.

'세 살 버릇 여든까지 간다.'라는 속담은 아이의 재능을 알아보지 못하고 변명하는, 아이의 행동을 문제점으로 인식하는 말인 듯하다. 겨우 옹알거리고 아장아장 걸음마를 하는 천진난만한 세 살 먹은 아이가 무슨 버릇이 있겠는가? 세 살짜리 아이에게도 그 아이만의 독특한 행동이 있는 것이다. 예컨대 소리를 잘 지른다든가, 유난히 깔깔거리고 웃는다든가, 손을 흔들어댄다든가, 뛰기를 좋아한다든가, 배고플 때 빨리 젖을 안 물리면 경기를 한다든가, TV 프로그램 중 유난히 오락프로에 관심을 보인다든가, 어떤 인물을 보면 다가간다든가, 벽이나 바닥에 자꾸 선을 긋는다든가 하는 행동들이다.

사람들은 아이만의 독특한 성격 특성과 언행, 관심분야가 여든에까지 이르게 되는 것을 보고 '세 살 버릇 여든까지 간다.'고 하지 않았을까. 그런데 그것은 버릇이 아니라 아이의 '타고난 천성'이라는 점을 간과해서는 안 된다. 즉, 급한 성격을 타고난 아이가 여든에 가서는 느긋한 성격이 될 리가 없으며, 벽에 낙서를 하는 버릇을 가진 아이는 어른이 되어서도 쓰고 그리기를 좋아하게 된다는 것이다.

타고난 천성, 아이의 타고난 천성을 알고 이해한다면 부모는 아이의 미래에 성공의 문을 열 수 있는 열쇠를 쥔 것이다. 성격이 급한 사람은 나이 들어도 급하다. 성격이 느긋한 사람은 나이 들어도 느긋하다. 그렇다면 사업은 어떤 사람이 해야 좋을까? 선생님, 변호사, 의사는 어떤 사람이 해야 좋을까? 택배회사는 어떤 사람이 운영해야 좋을까? 전통 발효식품은 누가 만들어야 좋을까? 정답은 타고난 천성에서 제시해주고 있다.

행동의 씨앗을 뿌리면 습관의 열매가 열리고
습관의 씨앗을 뿌리면 성격의 열매가 열리고
성격의 씨앗을 뿌리면 운명의 열매가 열린다.

나폴레옹은 타고난 마음의 구조, 성격이 행동과 습관을 자연스레 만듦을 몰랐기 때문에 성격 이전의 행동과 습관이 먼저 있었으리라 생각했던 것 같다. 어쨌든 나폴레옹의 이 말은 사람의 성격에 관한 많은 것을 함축하고 있다. 성격은 우리들의 운명을 만들고 인생을 만든다. 만들기 좋아하는 아이는 커서 음식이든, 제품이든 열심히 만드는 일을 하게 될 것이다. 책 읽기를 좋아하는 아이는 커서도 책을 보면서 많은 정보를 이용하는 일을 하게 될 것이다. 가르치는 걸 좋아하는 아이는 어른이 되면 선생님이 되거나 사람들에게 뭔가를 친절하게 알려주는 일을 하게 될 것이다.

이처럼 타고난 천성으로 어느 분야를 유난히 잘하거나 좋아하는 아이는 아무도 그 아이에게 그것을 훈련시키거나 가르친 적이 없는 데도 그것을 잘하게 된다. 아이가 잘하는 것을 조기(早期)에 찾아주자는 것이 선천지능검사의 핵심이다. 이제부터 '세 살 버릇 여든까지 간다.'는 속담은 '0세의 선천재능 평생 간다.'는 말로 바꿔야 하리라.

타고난 선천적성이 계발되려면 무엇보다도 이를 빨리 발견하는 것이 급선무다. 따라서 선천적성의 발굴을 위해 부모가 아이의 적성을 제대로 파악하는 노력과 함께 부모의 욕심을 줄이는 것이 절대적으로 필요하다. 내 아이에 대한 욕심 때문에 부모의 기대대로만 아이를 키우고자 한다면 아이가 태어나면서 지니게 되는 선천적성을 제대로 꽃피우기는 어렵다.

여기 어릴 때의 선천적성을 잘 찾아주어 성공적인 인생을 펼칠 수 있었던 사람의 사례를 보자.

### 불량학생 유라, 대학 교수가 되다. Part 4_222쪽 사례

유라는 사회적으로 어느 정도 성공한 부모 밑에서 어려움 없이 자란 아이였다. 어렸을 때부터 공부에는 별 흥미를 느끼지 못해 자연히 성적은 늘 꼴찌에서 맴돌았고 학교에서 심심찮게 말썽을 피우고 다니는 등 다분히 문제아로 낙인찍힐 위험이 큰 아이였다. 유라는 늘 머리에 염색을 하는 등 머리 모양에는 유난히 신경을 썼다. 아이의 비뚤어진 학교생활에 걱정이 앞선 어머니가 결국 상담을 요청하게 되었고 분석결과 유라의 자유분방함 속에 번뜩이는 창의력이 숨어 있음이 발견되었다. 어머니에게 유라를 실업고로 전학시켜 헤어디자인 공부를 시켜보라 조언했다. 며칠을 고민하던 유라의 어머니는 결국 조언대로 유라를 실업계 고등학교로 전학시켰다. 마침내 유라의 변신이 시작되었다. 학교에 들어간 지 며칠 안 돼서부터 유라는 새벽같이 학교에 가서 실습실을 청소도 하고, 실습에 열중하며 학교생활에 빠르게 적응해갔다. 아이는 실습시간을 너무나 즐겁고 재미있어 했다. 그 뒤 교내 미용대회에서 상도 타고 자격증도 따며 문제아에서 모범생으로 눈부신 변신을 거듭했다. 당연히 학교 성적도 상위권이며 우수한 성적으로 고등학교를 졸업하였다.

유라는 졸업 후 미용실을 개업해 큰 성공을 거두었다. 그 뒤로 전문대학에 진학하여 미용학과를 야간으로 졸업하고 학사학위를 취득해 한 대학의 사회교육원에서 미용학 교수로 눈부신 제2의 인생을 펼치고 있다.

이처럼 꼴찌이며 불량학생이었던 사람이 대학 교수로 명강의를 할 수 있게 된 요인이 무엇이었겠는가. 바로 아이의 적성을 일찍 발견한 부모의 적극적인 대처에 있었음은 말할 것도 없다.

## 타고난 적성을 일찍 발전시켜 성공한 국민가수 하춘화

Part 4 207쪽 사례

하춘화 씨는 가수활동으로 너무나 바빠 공부할 시기를 놓쳐 만학으로 방송통신대학을 다녔고, 52세에 박사학위를 취득하였다. 최근엔 '가수인생 50주년'을 기념하는 에세이 《아버지의 선물》을 출간하기도 했다. 16살부터 가수활동을 해온 그는 그 책에서 아버지에 대해 이렇게 기억하고 있다.

> "1960년대 사회적으로 대중문화를 폄하하던 시절, 아버지는 자식은 타고난 대로 키우는 게 교육이고 애국하는 길이라며 날 가수로 성장시켰다."

여기서 주목되는 부분은 바로 그녀의 성공비결이 '타고난 대로 키워주신 아버지 덕분'이라는 것이다.

선천적성은 말 그대로 아이의 타고난 적성을 발견해 그 소질을 발전시키는 것이다. 누구나 할 때 하는 공부를 그때는 비록 안 했더라도 필요에 의해 스스로 찾아하는 것이 공부다. 부모가 아닌 제3자는 누구나 수긍하지만 정작 그렇게 키우는 데에는 부모 자신부터 고정관념을 깨는 뼈를 깎는 노력이 필요하다. 타고난 대로 키워야 우리 아이도 행복하고 부모도 행복해지는 것이다.

# 02 타고난 소질이 왜 중요한가?

사람이 타고난 것은 무엇이며 왜 타고난 대로 키워야 하는가?

"그 사람 부지런한 것은 태생이야!"

"경주는 그림 그리는 데 정말 타고난 소질을 지녔어."

"예준이는 공부가 제일 쉽다네? 참, 천성일세."

이렇게 '타고난 소질'이나 '천성'에 해당하는 부분이 바로 그 사람의 특기일 수도 있고 성격일 수도 있다. 날 때부터 개인이 지닌 타고난 특기를 키우면 그 아이는 가수로서, 과학자로서 또는 유명한 요리사나 운동선수로서 자신이 원하는 성공적인 인생을 펼치며 행복한 삶을 살 수 있게 된다.

그렇다면 타고난 성격은 개인의 발전에 어떤 영향을 주는가?

앞에서 성격에 관한 나폴레옹의 말을 인용했었다. 사람들은 적성과 특기는 타고난다고 생각하지만 선천적인 성격에 대해서는 무게를 실어 말하지 않는다. 그러나 타고난 성격이 결국은 그 사람의 평생을 지배하게 된다. 타고난 것은 특기이든 성격이든 인간의 삶

자체이기 때문이다.

여기서 많은 부모들이 착각하고 있는 부분이 있다.

첫째, 우리 아이가 가진 최고의 능력은 모두 '~사'로 끝나는 직업일 것이라는 착각이다.

내 아이만 좋은 대학 보내고, 돈을 많이 벌고, 높은 지위에 오를 수 있는 어떤 방법이 있을 거라 믿는 부모에게 나는 그런 생각을 하기 전에 올바른 진로교육이 무엇인지부터 생각하라고 말하곤 한다.

최고의 능력이란 우리 아이가 가진 능력 중에서의 최고의 능력을 말하는 것이다. 부모들이 아이들의 적성이나 재능을 찾아낼 때는 주의 깊게 아이를 관찰해야 한다. 저마다의 지능이 다른 곳에 있는데 부모는 아이들의 학교성적에만 온통 신경을 쓴다. 무엇보다도 부모가 시급히 찾아야 할 아이의 지능은 내 아이의 지능 가운데 상위 10%에 드는 영역을 사려 깊게 찾는 것이다. 그래야 아이의 인생이 행복해진다.

모든 능력이 100점인 아이도 있을 수 있다. 그러나 만일 우리 아이가 모든 능력에서 저조하고 겨우 한 능력만이 65점이라면 바로 그것이 최고의 능력이다. 단 65점이라도 그것이 우리 아이에게는 최고의 능력임을 인정하고 그것을 키워주고 격려해주는 것이 최고의 부모 노릇이다.

둘째, 말려도 하는 신나는 일은 우리 아이가 처음부터 좋아할 거라는 착각이다.

오락하고 노는 것은 어떤 아이든 말려도 하고 혼나도 한다. 여기서 아이가 잘하는 것이란 재미나기만 한 것을 의미하는 것이 아니다. 아무리 우리 아이가 잘할 수 있는 일이어도 처음 접하는 것은 어떤 아이든 거부감을 가질 수 있다. 그렇다고 지금 인기 있고 누구나 관심을 가지고 있는 그런 일도 아니다. 잠시의 호기심으로 하고 싶은 마음이 드는 일은 그 마음이 사라지면 금세 시들해진다. 그러나 아이가 잘할 수 있는 일이란, 하면 할수록 자신감이 생기고 신나며, 남들에게 인정받아 궁극적으로는 경제적인 혜택과 함께 평생 해도 신나는 일을 의미하는 것이다.

바로 이것이다! 우리 아이가 가진 최고의 능력을 찾아 평생 신나게 할 수 있게 하는 것! 바로 이것이 진정한 성공이다.

## 03 귀중한 것은 시간이다! 일찍 시작하자

나는 부모님들을 만나면 언제나 조기교육을 시키라고 말한다. 그런데 내가 말하는 조기교육은 천편일률적인 성적지상주의의 조기교육이 아닌, 사랑하는 자녀가 한평생 잘 먹고 잘살 수 있는 진로교육을 일찍 시작하라는 말이다. 그래야 아이들의 인생이 행복해진다. 조기에 진로교육을 실시하기 위해서는 초·중·고등학교 교육의 다양화가 필수적이다. 학교가 학생들의 적성과 특기를 찾아주고 길러주는 구실을 보다 강화해야 한다.

지금의 학교 교육은 교육과정은 없고 교과과정만 있다. 이렇게 해서는 학생들의 선천지능을 발견할 수도 발전시킬 수도 없다.

독일과 아일랜드는 실제적인 직업교육 커리큘럼을 운영하는 국가이다. 모두가 대학에 가야 된다는 생각에서 탈피해 학생들의 적성과 재능에 맞는 직업훈련을 일찍부터 시작하고 있다. 고등학생이 되면 원하는 직업 현장체험을 할 수 있다.

우리도 하루빨리 대학지상주의에서 벗어나 광범위한 맞춤형 직업적성교육이 함께 이루어져야 한다.

## 직업교육의 성패는 빠른 시작 여부

세상에 대한 관점을 바꾸면 자신의 멋진 면만을 생각할 수 있다. 자신의 인생은 자기가 연출하는 것이다. 자신이 좋아할 수 있는 긍정적인 면을 찾아라. 이것을 집중하면 좋은 면들이 자신에게 자석처럼 끌려 들어올 것이다.

누구에게나 정말 대단한 면은 있다. 나도 누가 뭐라 해도 자랑할 수 있는 인생의 장점이 있고 내가 생각해도 나한테 키스해주고 싶은 멋진 인생의 장면이 있었다. 누구든지 자신을 사랑하면 자신의 인생을 사랑할 수밖에 없다. 그렇게 아낌없이 자신을 던져서 이루고 싶은 뭔가를 찾아주는 게 진정한 부모의 역할이다.

가끔 우리는 자신의 행복을 남에게 맡겨버릴 때가 있다. 하지만 어느 누구도 내가 진정으로 바라는 것을 채워주지 못한다. 자신의 기쁨과 행복을 책임질 유일한 사람은 바로 자신뿐이다. 기쁨은 항상 내 안에 펄떡이고 있다. 그 기쁨을 누릴 수 있는, 아이만의 자랑하고 싶은 무언가를 빨리 찾아주는 것. 조기직업교육이 필요한 이유이다.

자녀의 성공을 원한다면 사랑하는 자녀가 평생을 준비할 시간을 벌어주어야 한다. 대학 졸업 후 전공과 동떨어진 직업을 택하거나 실업자로 전락하는 현재의 악순환은 바람직한 진로교육의 부재가 가장 큰 원인이다. 그 근거로 만여 개의 직업 가운데 고교생들이 알고 있는 직업은 고작 272개뿐이고, 전체 학생의 절반이 선호하는 직업은 단지 17개에 불과하다는 조사결과는 우리나라 진로교육의 문제를 여실히 드러내는 증거이다.

대한민국의 모든 부모들은 자기 자식만은 꼭 성공한 인생을 살기를 원한다. 그렇다면 성공이란 무엇인가? 스턴버그(Robert J. Sternberg, 1949~)는 21세기와 같은 다양성의 사회에서 성공하려면 과거의 IQ보다는 분석력, 창의력 및 실천적 능력으로 구성된 성공지능 즉, SQ(Successful Intelligence)가 높아야 한다고 말한다. 국어사전에서 '성공'이라는 단어를 찾아보면 '목적하는 바를 이룸'이라고 되어 있다. 굳이 사전적 정의를 들추지 않더라도 일반적으로 우리가 '성공'하기 위해서는 먼저 목적을 분명히 하고 다음으로 자신의 재능을 발휘하여 열심히 자신의 길을 개척해야 한다. 성공이란 이처럼 너무나도 간단하고 명료한 생활방식이다.

나는 부모님들에게 진정으로 자식의 성공을 원한다면 내 아이만의 타고난 성공지능을 발견해 성공으로 가는 길을 제시해주고, 아이가 창의적으로 그 길을 갈 수 있도록 아낌없이 지원하고 북돋아주라 말한다. 그러나 실제로 무덤덤하게 보이는 아이의 선천적성을 부모가 알아채기는 쉽지가 않다. 그러므로 선천적성검사(AAT)를 통해 아이가 성공할 수 있는 선천지능이 무엇이고 어떤 재능을 더 계발해줄지에 관한 기본 방향을 설정해주어야 할 것이다.

## 0세~5세 이내에 적성을 찾아라

세계적인 미래학자 엘빈 토플러(Alvin Toffler)는 미래 경제를 대변하는 네 가지 요소로 스피드, 개인맞춤형 생산, 초복잡성, 경계 붕괴를 들었다.

### 엘빈 토플러(Alvin Toffler)

미래학자 엘빈 토플러는 1929년 뉴욕에서 태어나 뉴욕 대학을 졸업한 뒤 모교를 비롯하여 5개 대학에서 명예박사학위를 받았다. 1949년에는 중서부 공업지대 용접공으로 공장 노동자 생활을 하는가 하면 백악관 담당 정치, 노동문제 기자로도 일했다. 1957년 이후로는 줄곧 저널리즘의 세계에서 활약하고 있으며, 1959년에서 1961년까지는 〈포춘〉지의 부편집장을 지내기도 했다. 주요 저서로는 《부의 미래》, 《미래의 충격》, 《제3의 물결》, 《에코스파즘》 등이 있다.

엘빈 토플러는 미래 경제의 중요한 특징 중 첫 번째로 스피드를 꼽았다. 스피드야말로 미래 경제의 중요 요인이기에 앞서 자녀들의 선천적성 발견에 무엇보다도 중요한 요인이라 말하고 싶다. 내 아이가 남보다 빨리 자신의 길을 갈 수 있도록 해주는 가장 최선의 방법은 아이의 선천적성을 빨리 발견하는 것이다. 적성을 일찍 발견하고 선천적성이 발휘될 수 있는 환경도 하루빨리 만들어줘야 한다.

아이가 모험가형이라면 높은 산과 넓은 들과 신비한 과학전시장에서 마음껏 활동할 수 있게 해줘야 한다. 학자 스타일이라면 다양한 책을 준비해주고 즐겁게 공부에 몰두할 수 있도록 해줘야 한다. 발명가 스타일이라면 창의력이 발휘되고 고정관념을 버릴 수 있는 분위기를 조성해줘야 한다.

5세 이전에 자녀의 선천적성에 따른 맞춤형 적성을 찾아줘야 6세부터 직업훈련을 시작할 수 있다. 진정한 조기교육은 이런 개념에서 출발되어야 한다.

## 선천적성은 일찍 발견해서 갈고닦아라

미국 명문대 8곳을 동시 합격한 천혜림 양의 성공사례(Part4_216쪽 사례)를 보면 선천적성을 어떻게 발견하고, 어떤 방법으로 갈고 닦아줘야 성공적인 자녀교육이 되는지를 제대로 알려준다.

2004년에 '미국 명문대 8곳에 동시 합격'이라는 화제의 인물로 기억할 천혜림 양. 당시 대한민국 학부모들은 천혜림 양의 놀라운 성과에 모두들 부러움과 함께 아낌없는 찬사를 보냈다. 내가 천혜림 양을 그 어느 학생보다 인상적으로 기억하는 것은 그녀만큼 자신의 선천지능을 제대로 알고 끊임없이 노력했던 학생도 없었다는 데 있다. 그리고 그 뒤에는 천혜림 양의 미래를 위해서 관심과 애정으로 보살폈던 어머니의 정성과 남다른 노력이 있었다.

천혜림 양이 아주 어렸을 때 이미 진로상담을 시작한 어머니는 감탄할 정도로 적극적이고 시종일관 진지한 태도로 선천적성 진로상담에 임했다. 분석결과 나는 어머니에게 선천적성 분석대로 국제변호사나 국제관계학과와 관련한 진로를 찾아주는 것이 어떻겠냐고 추천했다. 그리고 아이의 진로를 위해서 미국 유학을 적극적으로 권하였다.

이후 천혜림 양은 부모의 관심과 자신의 노력이 더해져 자신에게 딱 맞는 선천적성을 적극적으로 계발한 결과, 여덟 곳의 미국 명문대에 합격하는 놀라운 성과를 올렸다. 천혜림 양의 어머니는 지금도 자녀의 더 발전적인 진로를 위해 여전히 상담을 게을리 하지 않고 있다.

천혜림 양이 그처럼 놀라운 성과를 올릴 수 있었던 데는 본인의 선천적성을 끊임없이 갈고닦았던, 보이지 않는 노력이 큰 몫을 했다. 보통 아이들은 가정이 안정되지 않고 이동이 잦으면 이를 못 견뎌 한다. 그러나 천혜림 양은 아버지를 따라 외국에 살았던 경험을 충분히 살려 언어 습득에 최대한 활용하였다.

선천지능은 타고난 것으로 끝나는 게 아니다. 발견한 뒤에는 끊임없이 갈고닦아야 한다. 그러므로 자녀를 둘러싼 성장환경도 선천적성 계발에 큰 영향을 미친다.

원석은 세공기술에 따라 값어치가 달라진다. 아무리 아이가 타고난 우수한 지능이 있다고 해도 그냥 놔두면 그 지능은 제대로 발현되지 않는다. 아이가 노력할 수 있는 환경을 만들어주고 자신의 지능을 개발할 수 있도록 끊임없이 아이를 자극하고 관심을 기울여야 한다.

우리 아이의 꿈을 이루기 위한 스피드란 무엇인가? 바로 일찍 시작하는 것이다. 시간이 돈이다. 재테크에만 조기 투자가 중요한 것이 아니라 자녀 교육에도 조기 투자가 성공의 키포인트다. 사랑하는 자녀에게 주어야 할 최고의 유산은 바로 아이를 일찍 전문가로 만들어주는 것이다.

나이 들어 발견한 천재적인 선천적성은 이를 키울 시간적, 환경적인 여건 조성이 어려워 무용지물이 될 가능성이 크다.

두뇌 발달은 이미 만 3세 이전에 90% 이상 완성된다고 한다. 태어나는 순간 선천적성은 알 수 있지만 육체적인 발달도 이를 위해 중요하다. 아이가 자신의 의사표현을 시작하고 능숙하게 잘하는 시기인 5, 6세부터가 적성 계발을 위한 타이밍의 시작이다.

적성 계발에도, 사회생활에도, 인간관계에도, 적절한 시기만큼 중요한 전략은 없다.

# 04 인생의 목표를 바꾸는 동기부여!

### 위대한 유산은 평생 즐겁게 일할 수 있는 적성을 찾아주는 것

얼마 전 S방송사에서 방영된 〈찬란한 유산〉이라는 드라마는 우리에게 진정한 유산이 무엇인지를 되새겨보게 했다. 또한 같은 의미로 〈위대한 유산〉이라는 영화도 우리에게 많은 감동을 주었다. 요즘 같이 살기 힘든 세상에 '유산'이라는 말만큼 달콤한 말도 없을 것이다. 하지만 앞서 언급한 영화와 드라마에서 의미하는 '유산'은 단순히 물질적인 유산을 말하는 것이 아니라 정신적인 가치를 추구하는 유산을 의미한다. 그래서 더욱 감동적이었다.

예로부터 어른들은 진심으로 자식을 사랑한다면 자식에게 물고기를 주지 말고 물고기를 낚을 수 있는 방법을 가르치라고 했다. 이는 유대인의 교육법 중 하나로 잘 알려진 말이다.

이스라엘은 조기교육의 세계 최고 국가이다. 이스라엘에서는 '영재'의 의미를 우리나라처럼 학습지능만 높은 아이가 아닌, 어느 한 분야에서 뛰어난 재능을 지닌 아이를 가리킨다. 이스라엘에서

'영재'로 선발되면 방과 후에 특별하고도 다양한 수업을 받는다. 저널리즘, 천문학, 기계 수리, 로보틱스에서부터 리더십, 유머, 랍비의 역사에 이르기까지 그야말로 다양한 분야를 다채로운 수업을 통해 습득한다. 이는 나라를 이끌어 갈 영재들이 편향된 한쪽 분야의 시각을 갖지 않고 다양한 관심사에 눈을 뜰 수 있도록 하기 위한 이스라엘만의 특수한 교육이다.

선천지능은 아이들의 개성을 인정하고 각자 타고난 소질을 일찍 계발하자는 데 그 목적이 있다. 하지만 우리나라에서는 어떤 아이가 한 분야의 소질을 타고났다고 판단되면 그 부분만 집중하여 교육시키는 수단으로 영재교육이 잘못 진행되고 있다. 이는 세상에 대한 다양한 관점과 시각을 목적으로 하는 전인교육과 배치되는 것이다.

소수민족인 유대인이 오늘날 노벨상 수상자의 약 30%를 차지하고 여러 나라에서 위대한 업적과 막강한 권력을 가지게 된 이유가 무엇일까? 바로 교육법에 그 비결이 숨어 있다. 모든 것을 다 해주려고 노력하는 대부분의 우리나라 부모와는 달리, 이스라엘 부모들은 스스로 많은 걸 해결할 수 있도록 자녀들을 교육시킨다. 또한 그들은 자녀들에게 '유명해져라!'라고 가르치기보다 '다르게 되어라!'라고 가르친다.

우리가 자녀에게 진정으로 가르쳐야 할 것은 무엇인가? 우리는 자녀에게 무엇을 가르칠지 걱정하기보다 어떻게 가르쳐야 할지를 고민해야 한다.

적어도 한 분야에서 전문가가 되려면 최소한 10,000시간을 그 분야에 몰입하고 집중해야 한다고 한다. 말이 쉬워 10,000시간이지 10,000시간을 채우려면 하루에 3시간을 투자한다고 해도 꼬박 10년을 집중해야 가능한 시간이다. 물론 더 많은 시간을 투자하면 기간은 좀 짧아지겠지만 보다 일찍 시작하는 것이 훨씬 현명한 방법이 아닐까.

우리의 아이들에게 모두 김연아, 박태환 선수처럼 일찍 선두에 나서야 한다는 강박관념을 주기보다 일찍 시작해 오랜 시간을 투자하고 '이것만큼은 내가 최고'라는 자신감을 심어주는 것! 이것이 진정으로 자녀를 위한 위대한 유산이다.

무엇보다도 "나 이거 옛날에 한번 해봤는데.", "나 이거 옛날에 먹어봤는데.", "나 여기 옛날에 와봤는데." 하는 경험에서 우러나오는 자신감이 중요하다. 한 번만 해봐도 자신감이 생기는 데 자기가 잘할 수 있는 것에 10,000시간을 투자한다는 것은 자신감 이상의 플러스가 될 것이다.

작가 이외수 씨는 뭐든 원하는 일에 10년을 쏟아 바치면 그 분야에서 상위 10% 안에 들 수 있고 그렇게 되면 누구든 먹고살 걱정은 안 해도 된다고 했다.

우리 아이에게 주어야 할 위대한 유산은 바로 이것이다. 그리고 한 가지 더 유념할 부분은 아무리 우수한 선천지능을 찾았더라도 개인적인 노력이 따르지 않으면 안 된다는 것이다. 너무나 당연한 말이지만 우수한 선천지능이라고 해서 아무렇게나 방치한다면 결코 자신의 분야에서 성공할 수 없다는 것을 다시 한 번 강조하고 싶다.

세상에는 거저 얻어지는 것이 없다. 슈투트가르트 국립발레단의 수석 발레리나 강수진 씨는 자신의 우수한 선천지능을 99%의 노력으로 키웠다. 국민타자 이승엽 선수는 자신의 모자 안에 '노력은 절대 배신하지 않는다.'는 문구를 써넣고 나태해지려는 자신을 독려했다고 한다.

성공하는 사람들의 비장의 무기는 바로 노력이다. 그러나 무턱대고 노력하기보다는 자신을 알고 노력해야 한다. 만일 공자(孔子)가 갑옷을 입고 전쟁터로 나갔다면 즉시 적군에게 잡혀 전장(戰場)의 이슬이 되었을지도 모른다. 일찍이 공자는 스스로 자신이 가장 잘할 수 있는 것이 공부라고 생각했다. 그는 공부가 가장 쉽고 재미있어서 끊임없이 공부에만 매진했다. 결국 동양 최고의 철학자가 되었다.

바로 자신이 잘할 수 있는 1%의 선천적성을 찾아 99%의 노력을 더하면 누구나 천재가 될 수 있다. 천재는 99%의 노력과 1%의 영감으로 이루어진다는 것! 타고난 선천적성을 찾아 우리 아이들에게 알게 해야 한다. 그것이야말로 사랑스런 우리 아이가 성공할 수 있는 최상의 동기부여이다.

돈보다 더 훌륭한 위대한 유산은 자녀의 천재성을 찾아 잘할 수 있는 것을 진짜 잘하게 해주는 것이다. 10년을 몰입해 전문가의 길을 가게 해주는 것이다. 평생 즐기며 할 수 있는 일을 신나게 하면서 살게 해주는 것이다. 세상에 이보다 더 좋은 유산은 그 어디에도 없다.

## 내 아이의 나쁜 버릇에 천재성이 숨어 있다

아기가 태어나면 그 집은 온갖 아기용품으로 가득 찬다. 그러다 조금 지나면 온 집안이 아기 장난감으로 꽉 찬다. 천장에 달아주는 모빌에서 시작해 딸랑이, 오뚝이가 구비된다. 그러다 어느 순간 장난감들은 어디론가 치워지고 블록, 유아용 책, 크레파스, 음악감상용 CD플레이어와 동화를 보기 위한 CD, DVD 등으로 교체된다. 아이들이 자라면 오락용품의 수준과 가격이 올라가고 책과 컴퓨터, 다양한 게임용 전자제품들이 아이 방을 차지한다. 이렇게 장난감은 연령별로 종류가 달라진다. 아이의 취향에 따라서도 달라진다.

이런 장난감 중에서 사랑하는 우리 아이가 평생 가지고 놀 장난감을 원한다면 과연 무엇을 줄 수 있을까? 그때그때 필요한 것은 줄 수 있겠지만 아이에게 평생 필요한 것은 바로 평생 잘할 수 있는 일과 관련된 환경을 제공하는 것이다.

그림 그리기, 만들기, 책 읽기, 말하기, 정리하기 등 아이가 놀면서 하는 것들이 시간이 지나면 바로 자신의 일에서 활용하는 활동이 된다. 모형 만들기와 조립은 우리 아이에게 손발의 협응능력과 집중력, 그리고 기계를 다룰 수 있는 능력을 키워준다. 퍼즐놀이와 여러 가지 보드게임은 추리력과 공간지각, 사물지각력 등을 키워준다.

이러한 활동 외에도 박물관을 비롯한 현장 체험학습은 우리 아이가 가정에서 접하기 어려운 새로운 자극제가 되어 아이에게 사회성을 키워준다. 우주박물관이나 천문대에 우연히 놀러간 아이가 세계적인 천문학자가 될 수도 있고, 아이스링크에 처음 놀러간 새로운 경험이 아이가 스케이트 선수가 되는 계기가 될 수도 있다.

그렇다면 내 아이에게 나쁜 버릇이 있다면 어떻게 될까? 아이의 나쁜 버릇에 천재성이 숨어 있다면? 부모님들은 내 아이가 뭔가 번잡스럽고 시끄럽게 다니는 걸 무척 싫어하지만 유독 자신만의 놀이를 고집하는 아이들이 꽤 있다. 그런 아이들이 전부 천재성이 있다는 것이 아니라 그중에 뭔가 자신의 행동만을 고집하는 아이들 중에는 나름의 독창적인 재능이 숨어 있다는 것이다.

아이의 나쁜 버릇이란 무엇일까? 부모가 원하는 것이 아니면 아이가 몰입하고 있는 것은 나쁜 버릇이나 습관이 된다. 지금부터 부모의 눈으로 아이를 보지 말고 아이의 눈으로 왜 그렇게 저 놀이에 집중하는지를 관찰하라. 우리 아이가 놀면서 무심코 하는 행동 가운데 그 아이가 평생 잘할 수 있는 것, 평생 놀 장난감이 숨어 있다.

아이가 유난히 좋아하는 놀이에 그 아이의 미래가 담겨 있다. 늘 벽에 낙서만 일삼는 아이에겐 천재 화가의 폭발적인 그리기 본능이 숨어 있을 수도 있다. 물건만 보면 부수고 그 속을 들여다봐야 직성이 풀리는 아이에겐 발명가의 기질이 숨어 있을 수도 있다.

자기 분야에 한 획을 그으며 성공한 사람들의 어린 시절엔 우리가 쉽사리 지나쳤던 그들만의 천재성이 숨어 있었다. 달걀을 품으며 병아리가 부화되기를 기다렸던, 호기심 많은 아이가 자라서 발명왕 에디슨이 되었다.(Part4_203쪽 사례) 어렸을 때부터 온 동네 골목길을 샅샅이 뒤지며 세상에 대한 호기심을 드러냈던 아이가 자라서 오지탐험가 한비야가 되었다.(Part4_205쪽 사례) 둥근 것만 보면 이리저리 발로 차고 굴리던 아이가 자라서 세계적인 축구선수 박지성이 되었다.(Part3_132쪽 사례) 어렸을 때부터 새만 보면 호기심이 발동해 미친 듯이 새를 쫓아다니던 아이가 자라서 우리나라 최고의 조류학자 윤무부 교수가 되었다.(Part3_148쪽 사례)

타고난 재능과 타고난 성격은 어려서부터 떡잎처럼 우리 아이에게 숨겨져 있다. 아무리 나쁜 버릇이라도 그 아이에게는 평생 행복한 일이 될 수도 있다.

장난감을 주어도 평생 놀 장난감을 주어야 한다. 그것이 바로 적성에 맞는 직업으로 변할 것이다. 10세 이전에 적성이 드러나는 아이는 부모의 관심만으로도 아이가 평생 하고 싶은 일이 뭔지를 알 수가 있다.

아이의 어떤 특정 자질을 집중적으로 부각시켜 세상에 드러내는 일은 위험하다. 무엇보다도 부모와 아이가 오래도록 충분한 대화를 통해 이런 자질을 어떻게 발전시켜야 할지를 모색해야 한다.

중요한 것은 그 자질이 만들어진 것이냐, 아니면 자연스럽게 발현된 것이냐이다. 그 자질이 아이의 의지로 자연스럽게 발현된 것이라면 아이는 신이 날 것이다. 설사 그것이 다소 엇나간 선택일지라도 아이는 힘을 잃지 않을 것이다.

선천지능을 전도하는 교육자의 입장에서 나는 부모들에게 간절히 바라는 게 있다. 그건 바로 부모들의 지나친 기대심 때문에 아이의 인생에 '감 놔라 배 놔라' 하지 말라는 것이다. 아이의 미래를 부모의 기준이나 상황에 따라 의도적으로 바꾸려 하지 말라는 것이다. 모든 존재는 스스로 답을 가지고 있다. 단지 그것을 알아차리지 못할 뿐이다. 나는 그것을 믿는다. 세상의 어떤 전문가의 조언이나 충고보다도 자기 내면의 소리가 가장 정확하고 좋은 나침반이 된다. 아이의 진로나 적성의 주체는 아이 자신인 것이다.

## 떡잎부터 시작하자

떡잎이 좋아야 좋은 열매를 맺을 수 있다는 것은 누구나 알고 있다. 그런데 씨가 싹이 트는 조건과 식물이 생장하는 조건은 다르다. 씨가 싹이 트는 조건은 물, 온도, 공기지만 식물이 생장하는 데에는 햇빛, 물, 공기, 양분이 필요하다. 어려서는 우수한 선천적성을 발견해주고 계발시켜줘야 한다. 다른 집 아이들과 경쟁하며 성적 올리기에만 신경을 쓴다면 우리 아이의 우수한 선천지능은 평균 정도에 머물고 만다.

선천적성검사로 우리 아이만의 우수한 선천지능을 발견하고 계발하여 예쁜 떡잎을 피워준 다음 아이가 평생 잘할 수 있는 직업을 가질 수 있도록 잘 성장하게 이끌어주어야 한다.

'시작이 좋아야 끝도 좋다.'는 말이 있다. 그런데 좋은 시작을 하는 것이 그렇게 만만하지만은 않다. 왜일까? 이유는 결과만을 중시하는 사회적 풍습과 매스컴에 소개될 정도의 대단한 브랜드가 아니면 하찮게 여기는 고질적인 사회적 분위기에 부모들이 물들어 있기 때문이다.

이러한 그릇된 사회적 분위기에 영향을 받은 부모들은 아이에게 박스째 책을 사주고 자기 할 일을 다 했다며 스스로 만족한다. 부모의 과도한(?) 교육열로 몇 박스의 책을 한꺼번에 받은 아이들은 금방 질려서 책 보기를 돌 보기보다 꺼려하게 되고 부모는 그런 자녀를 보며 '이 녀석이 뭐가 되려고 저러나?' 하며 아이의 장래를 걱정하기에 이른다.

하지만 여기서 말하는 떡잎부터 시작하자는 의미는 그런 것이 아니다. 그런 부모의 통 큰 배려는 오히려 떡잎을 억눌러 자라지 못하게 하는 요인이 된다.

떡잎마다 꼭 필요한 성분을, 필요한 만큼, 필요한 시기에 줄 수 있어야 떡잎은 자기 본연의 결실을 맺기 위해 건강하게 자랄 것이다. 부모는 자녀가 떡잎일 때부터 신나는 일과 잘할 수 있는 일을 할 수 있도록 영양분을 제공해 평생을 행복하게 살도록 해주어야 한다.

> "운이라는 것은 기회와 준비가 만났을 때이다. 모든 사람에게 기회가 오지만 준비된 사람만이 그 기회를 자기 것으로 가질 수 있다. 자기에게 줄 수 있는 가장 큰 선물은 자기에게 기회를 주는 것이다."

바이러스 백신 개발자로 유명한 안철수 씨의 말이다. 컴퓨터 엔지니어인 안철수 씨가 사주를 알면 '운'이라는 말을 사용하지는 않앉을 것이다. 하지만 사람들은 기회라든가 운 같은 명리학적 의미를 생활 속에서 사용하고 있다. 안철수 씨의 이 말은 좋은 기회가 미소를 지으며 어떤 사람에게 운으로 다가와도 준비되지 않은 사람은 그 운을 좋게 활용할 수 없다는 말이다.

선천적성검사는 남들과 경쟁하듯 우리 아이를 일찍 가르치고 이리저리 내몰자는 목적이 아니다. 우리 아이가 정작 하고 싶고 잘할 수 있는 일을 할 수 있는 기회가 왔을 때 잘 활용할 수 있도록 준비를 시켜주기 위함이다. 타고난 적성을 찾아서 그 일을 하게 해주는 것이 그 어떤 것보다 가장 귀하고 값진 것이다. 이것이 선천적성검사가 추구하는 궁극적인 목적이다.

능력 계발만으로 직업적성을 분석하는 것은 절대 제대로 된 선천적성검사가 아니다. 우리 아이가 어떤 직장에서 어떤 일을 어떻게 하면 되는 지까지 검사해야 한다. 조직의 적응도, 도전적인 일에 대한 선호도, 업무수행 과정의 객관적, 주관적 환경조건, 직업적성에서 지향하는 목표와 흥미, 보충해서 활용되어야 좋은 직업능력 등에 관련된 다차원의 입체적 항목들에 대한 종합적인 제안이 돼야 비로소 개인에게 꼭 필요한 적성검사가 되는 것이다.

그러나 자녀의 직업적성에서 분석된 직업이나 학과는 현 시대에서는 시간적, 환경적 조건에 의하여 변화가 심한 부분이므로 하나의 예시 정도로 받아들여야 한다. 검사결과보다 중요한 것은 직업적성과 관련된 다른 지침들을 참고로 하여 직업 탐색이 꾸준히 이루어져야 한다는 것이다. 유사한 직업군이 수없이 많고 신설학과가

46    놀라운 선천지능

우후죽순으로 개설되고 있는 현재, 추천하는 학과와 직업에 대한 고정관념은 진로적성검사의 결과를 받아보는 부모들이 주의해서 수용해야 하는 부분이다.

놀라운
# 선천지능

잘먹고 잘사는 법

직업선천성

타고난 직업체질

위험감수 수준과 직무 스타일

직업체질을 찾아 성공한 사람들

PART

2

타고난
직업체질을
찾아라

진로적성검사에서 가장 중요한 것은
우수한 지능을 활용해서 무엇을 해야 하는지를
제시해주는 것이다.
그래야만 올바른 진로지도의 지침으로 활용이 가능하다.
어린아이의 미래를 위한 직업체질검사는
이제부터라도 매우 중요한 문제로 인식해야 한다.
하나의 직장에서도 많은 사람들이
각자 다른 역할을 하고 있다는 것을 감안할 때
현재의 모든 직업적성검사에서는
반드시 직업체질검사를 받아들여야 한다.

1장

# 잘 먹고 잘사는 법

# 01 아이가
## 잘하는 일을 찾아줘라

### 어떤 일을 할까?

잘 먹고 잘사는 것이 살아가는 데 가장 기본적인 조건이지만 어느 부모든 자식의 평생을 생각하면 너무나 걱정되는 부분이 바로 아이의 장래이다. 사랑스런 우리 아이가 직업으로 일을 삼는다면 과연 어떤 일을 하면 좋을까?

① 하고 싶은 일을 한다.
② 잘할 수 있는 일을 한다.
③ 하고 싶고 잘할 수 있는 일을 한다.

누구나 ③에 표를 던질 것이다. 하지만 ①과 ② 중에서 선택해야 한다면 어느 것을 골라야 할지 고민스러울 것이다. 하고 싶은 일이라고 하면 누구나 눈빛이 달라진다. 그래서 사람들은 하고 싶은 일을 하는 게 최선이 아닐까. 하지만 하고 싶은 일을 해도 결과가 미진하고 남들이 인정해주지 않는다면 과연 평생 신나게 일할 수 있을까? 그렇다면 잘할 수 있는 일이라면 어떨까? 잘할 수 있는 일은 처음에는 하고 싶은 일이 아니어도 시간이 지나가면 남들이 인정해주고 스스로 격려가 되어 우리 아이가 성인이 되어 독립하여 살아가는 데 필요한 경제활동의 기반이 되어준다. 그렇다면 정답은 무조건 ②이다.

농구선수가 되고 싶지만 키가 작아 잘할 수 없다면 잘할 수 있는 다른 것을 해야 성공한다. 변호사가 되고 싶지만 정확한 판단력과 법조항의 암기 및 학습능력이 따라주지 않는다면 그 일을 잘할 수 없고 시간만 소비하면서 자괴감에 빠져 불행한 인생을 살게 될 것이다. 그런데 어떤 사람은 공부는 별로인 것 같은데 남만 가르치면 아주 잘 가르친다는 소리를 듣는다. 그렇다면 그 사람은 교육자를 해야 그 방면에서 최고가 된다.

하고 싶은 것과 잘할 수 있는 것이 일치한다면 그것은 최상의 행운이다. 그러나 하고 싶은 건 딱히 없는데 잘할 수 있는 것이 있다면 그것도 인생의 커다란 행운이다.

내 아이가 잘할 수 있는 것을 찾아야 한다. 잘할 수 있는 것은 그 아이의 특별한 성격과 버릇, 경험 등으로 우연히 찾게 되는 경우가 있다. 하지만 성장기는 물론 성인이 되어서까지도 잘하는 적성이 뚜렷하게 드러나지 않는 사람이 더 많은 게 현실이다. 사실 잘할 수 있는 특기적성의 수준은 개인차가 뚜렷이 드러난다. 그러나 자신의 특기가 비록 돋보이지 못할망정, 또 적성이 잘 드러나지 않을수록

PART 2_ 타고난 직업체질을 찾아라  **53**

자신의 행복한 인생을 위해 더욱 더 절실하게 자기 적성을 찾아야
한다.

## 잘 먹고 잘사는 법

'뭘 해서 먹고살면 좋을까?'

'잘 먹고 잘사는 걸 해야지.'

연 3억 원을 버는 대학 성악과 출신의 현대판 엿장수. 잘 먹고 잘
사는 법을 가르쳐줘야 한다면서 웬 엿장수? 그러나 2007년 서울신
문에서 소개했던 엿장수 윤팔도 부자의 신바람 나는 성공기를 들으
면 성공적인 인생이 무엇인지에 대해 조금 생각이 달라질 수도 있
을 것이다.

### 엿장수 윤팔도

신들린 듯한 그의 남사당 가위 장단은 엿장수라기보다 가
히 엿가위 악기를 다루는 전문가이다. 윤 씨는 14세 되던 해
에 엿에 미쳐 엿장수로 팔도를 떠돌아다녔다. 1969년에는 서
울 신당동에서 열린 전국 엿가위질 경연대회에서 당당히 최
우수상을 차지, 부상으로 쌀 20가마를 받을 만큼 전국 최고
수로 인정받았다.

윤 씨의 엿가락 팔도유람은 계속되다가 1985년 12월 열린
KBS 〈전국노래자랑〉 연말결선에서 인기상을 받게 된다. 방
송국을 나서다 코미디언 배연정 씨에게 끌려 서울의 한 유흥

업소 무대에 올라 제2의 인생을 살기도 했다. MBC 차인태의 〈출발 새아침〉에도 초대받았고 이 방송으로 눈에 띄어 2년 동안 낮에는 엿장수, 밤에는 가수로 활동했다.

아버지의 신명난 인생살이를 곁에서 지켜보던 막내아들 일권 씨는 지난 2003년 아버지가 뇌경색으로 쓰러지자 잘 다니던 직장에 사표를 쓰고 그 뒤를 잇는다. 일권 씨는 "60여 년 동안 일해온 아버지가 존경스러웠다. 만약 돌아가시면 엿 불림(구전 판소리)도 끊길 것 같았다."며 의미부여를 했다. 대학에서 성악을 전공한 그는 2005년에 아버지와 함께 《엿불림 음반》(대표곡 〈엿가위 인생〉)을 냈다. 아버지의 만류에도 가업을 이은 아들은 초보답지 않게 2005년에는 2억 원, 작년에는 3억 원을 벌어들여 아버지를 놀라게 했다.

일권 씨는 엿장수의 매력에 대해 "엿은 많은 사람들에게 즐거움과 인정을 나눠주는 메신저 역할을 한다."며 이 직업을 선택한 데에 전혀 후회가 없으며 즐겁고 신명나게 엿불림을 하며 평생을 즐겁게 살겠노라고 말했다.

– 서울신문 2007.2.12 김문기 기자의 기사 참조

일권 씨가 멋지고 고상하게 보이는 성악관련 직장을 버리고 겉보기엔 초라한 장돌뱅이로 전국을 떠돌아야 하는 엿장수 일을 선택한 진짜 이유는 무엇일까? 그는 자신의 적성이 무엇일까 곰곰이 되돌아본 뒤 적응력이 떨어지는 직장의 봉급생활보다는 스스로 잘 먹

고 잘사는 방법을 선택한 것이다.

성악을 전공한 그는 부친이 부르는 남사당 장단의 구전 엿불림 소리를 아버지보다 더 잘할 수 있다고 확신했을 것이다. 누구보다도 자신의 선천적성에 딱 맞아 흥겹고 신나는 일이었을 것이며 환경적으로도 그가 할 수 있는 최고의 일이었을 것이다.

그는 대졸 출신답게 엿을 하나의 전통음식으로, 엿 장단을 전통문화 개념으로 바꾸고 기념 및 선물용으로 개발하는가 하면, 유통시스템을 도입하여 판매망을 구축하여 매출을 증대시키고 있다. 일권 씨의 엿장사는 이제 봉급생활자로는 상상하기 힘든 흑자를 내고 있는 하나의 당당한 기업이고 신나는 직업인 것이다.

잘하는 일을 하는 것이 잘 먹고 잘사는 법이다. 팔도 엿장수는 평생을 엿을 팔아 많은 돈을 모았고 그 돈으로 힘든 음악교육도 시키며 아들 뒷바라지에 온 정성을 쏟았을 것이다. 그렇지만 그가 자식에게 물려준 위대한 유산이 돈도 아니고 학벌도 아니고 바로 평생 신나게 할 수 있는 일을 발견케 한 것이다.

# 02 직업에도 체질이 있다

사람들은 각자 자신의 체질에 맞게 한약을 지어 먹는다. 그런데 직업에도 한약 처방처럼 개인마다 제각각의 체질이 있다. 그 체질을 모르고는 진정한 진로교육이 될 수 없다. 현재의 수많은 적성검사로는 직업체질검사 자체가 불가능하다. 자신에게 맞는 적성을 찾아 성공적인 진로에 들어섰다 해도 사회에 적응하지 못하는 문제를 없애려면 자신의 직업체질을 알아야 한다.

열심히 공부해서 부모님의 간절한 바람대로 의사가 된 사람이 있다. 그런데 의사로서 어떤 역할을 해야 자신이 신나게 일할 수 있을지를 가르쳐주는 사람은 아무도 없다. 그저 성적대로 결정하거나 상황에 맞춰 결정하고 그대로 사는 것이다.

여기서 직업체질이 무엇인지 간략히 살펴보도록 하자

같은 의사라도 하는 일에 따라 전혀 다른 직업인으로 생활하게 된다. 대학에 몸담고 의사를 길러내는 교육자 체질의 의사가 있다. 개원을 하여 돈을 잘 버는 사업가 체질의 의사도 있다. 종합병원 등

PART 2_타고난 직업체질을 찾아라 57

에 소속돼서 안정된 직장인으로 살아가는 의사도 있다. 국가의 의료 행정을 맡아 추진하는 공직자 스타일의 의사도 있다. 신기술을 개발해내는 연구발명가 체질의 의사도 있다. 이처럼 의사라는 직업도 어떤 타입의 일을 하느냐에 따라서 천차만별이다.

부모들은 자녀가 어릴 때부터 "너는 커서 ○○가 돼라."는 말을 많이 한다. 그런데 정작 부모가 바라는 사람이 되고 나서 실제로 어떠어떠한 일을 해야 하는 것에 대해서는 별로 생각도 하지 않고 아이에게 말해주지 않는 것같다. 우리가 아는 직업에는 선입견이나 포장된 이미지 때문에 잘못 알고 있는 부분이 상당히 많다. 따라서 직업을 선택할 때는 반드시 어떤 일을 어떻게 하는 지까지 알고 결정해야 한다.

다중지능이나 IQ검사는 우수한 지능에 대한 결과만을 말해준다. 그러나 그 우수지능이 활용될 수 있는 실제적인 방법에 대한 설명은 그 어디에도 없다. 하지만 진로적성검사에서 가장 중요한 것은 우수지능을 활용해서 무엇을 해야 하는지를 제시해주는 것이다. 그래야만 올바른 진로지도의 지침으로서 활용이 가능하다.

어린아이의 미래를 위한 직업체질검사는 이제부터라도 매우 중요한 문제로 인식해야 한다. 하나의 직장에서도 많은 사람들이 각자 다른 역할을 하고 있다는 것을 감안할 때 현재의 모든 직업적성검사에서는 반드시 직업체질검사를 받아들여야 한다는 것이 필자의 주장이다.

그렇다면 우리 아이는 어떤 선천지능을 타고 났을까?
선천지능은 일찍 갈고닦아야
아이의 재능을 활짝 꽃피울 수 있다는데
아이의 지능을 미리 알고 계발할 수 있는 방법은 무엇일까?
기회가 왔을 때 준비가 돼서
그 기회를 써먹을 수 있는 천성을 알아야 한다.
그러나 천성이란 원석도 중요하지만
갈고닦는 것도 동시에 중요하다.

2장

# 직업선천성

# 01 놀라운 선천지능

잘하는 건 원래부터 잘한다. 못하는 건 100년을 해도 못한다. 한 100년 해보면 아주 조금은 달라지겠지만 그리 놀랄 정도로 변하는 건 없다. 그러니까 원래 잘하는 것을 해야 성공도 하고 다른 사람보다 앞설 수 있다.

요즘 아이들은 지능 계발 때문에 정말 바쁘다. 자녀들의 학원 개수를 한번 세어보라. 또 아빠가 퇴근하는 시간이나 아이들이 학원 마칠 시간이나 별 차이가 없을 것이다.

이것은 엘빈 토플러가 말한 개인맞춤형 생산이 교육에 적용된 것이 아니다. 다른 집 아이가 하는 것 대부분을 우리 아이도 하고 있어야 마음이 놓이는 우리나라 부모들의 마음이 오히려 우리 아이들을 고단하게 만들고 있다. 아이들을 무조건 달려가게 하지 말고 우수한 선천적성을 찾아 천천히 다져갈 수 있도록 해야 한다.

## 사주와 선천적성

"자식은 겉을 낳지 속을 낳지 못한다."

"같은 뱃속에서 나왔는데 어쩜 저렇게 다를까?"

이 말들은 사람에게는 부모를 닮는 유전적인 요소 외에 선천적으로 타고난 무엇이 있다는 것을 암시하는 말이다.

태어난 해, 태어난 월, 태어난 날, 그리고 태어난 시각이라는 네 가지 정보가 사주이며 이를 분석하는 것이 사주명리학이다. 사주란 '여덟 개의 글자인 팔자(八字)가 마치 네 개의 기둥 모양과 비슷하다.'고 하여 붙여진 용어로 우리 민족과 중국, 일본 등 아시아에서 사람들의 운명을 점치고 미래를 알아보는 학문으로 인식되었다. 사주에는 그 사람의 성격에서부터 직업적성에 이르기까지 너무나 명확한 개인정보가 담겨 있으므로 적성검사도 가능하다.

사주명리학은 음양과 오행을 바탕으로 하며 음양이란 남자와 여자, 슬픔과 기쁨, 차가움과 뜨거움, 큰 것과 작은 것, 빠름과 느림, 오름과 내림 등의 모든 대비되는 개념이다. 오행이란 무엇인가. 각기 다른 오행의 성향을 통해 해당 사람들의 단면을 살펴보자.

먼저 목성(木星)은 쭉쭉 자라는 나무의 기운을 지녔다. 따라서 목(木)의 기운을 타고난 사람은 앞만 보고 내달린다. 자기가 최고라고 생각하며 앞장서는 리더의 마인드를 가진 사람이다.

화성(火星)은 활활 타오르는 불의 기운을 지녔다. 따라서 화(火)의 기운을 타고난 사람은 정열적이다. 다 태워도 후회하지 않으며 언제나 주변을 밝혀주는 태양과 같은 존재이다.

토성(土星)은 생명을 키우는 흙의 기운을 지녔다. 따라서 토(土)의 기운을 타고난 사람은 모든 걸 속에 담아둔다. 언제나 자신의 속을 보여주면서도 상대를 편안하게 받아주는 사람이다.

금성(金星)은 단단한 암석의 기운을 지녔다. 따라서 금(金)의 기운을 타고난 사람은 한결같은 모습으로 심지가 굳다. 한번 한다고 결심하면 기필코 해내는 듬직한 사람이다.

수성(水星)은 끝없이 흐르는 물의 기운을 지녔다. 따라서 수(水)의 기운을 타고난 사람은 어디로든 흘러가 적응한다. 한마디로 지혜롭고 수완이 좋은 사람이다.

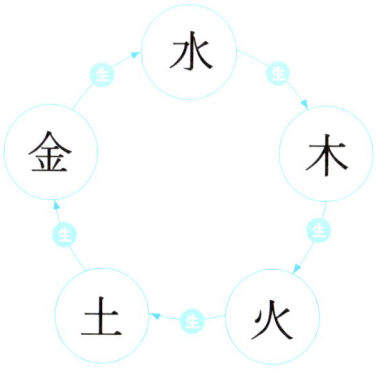

오행 상생도

오행(木·火·土·金·水)은 각기 다른 색, 다른 성격, 다른 행동을 발산하고 있으며 각기 다른 능력과 소질, 적성이 있다. 다섯 가지의 오행이 음양을 만나 열 개의 특성이 발현되며 이 열 개의 특성은 인간이 만들어지고 출생하는 존재의 순간에 유전적으로 받은 오행과

합쳐져 결국 유전적인 지능을 탄생시킨다.

오행의 상호작용을 살펴보면 다음과 같다. 가령 수(水)는 목을 생(生, 보살펴주고 베풀어주는 작용)해주지만 화(火)를 극(剋, 해당되는 것을 이기거나 내가 우위에서 조절이 가능한 작용)한다. 수(水)는 토(土)에 의해서 극을 당하지만 금(金)이 생하여준다. 앞의 표에서 화살표 방향은 생해주는 작용을 의미하지만 하나 건너씩은 극을 하는 관계이다.

이렇게 오행이 서로 생해주고 극하는 작용을 상생상극이라고 한다. 이러한 작용은 물이 아닌 다른 오행을 기준으로 보아도 동일한 관계가 성립된다. 화는 토를 생해주지만 금은 극한다. 그러나 수에 의해서 극을 받으며 목에 의해서는 생을 받는다. 이러한 상생상극 작용을 좀 더 세부적으로 나누게 되면 기준이 되는 오행을 포함하여 모두 열 개의 관계가 나오게 되며, 그러한 음양오행에 의한 관계에서 열 개의 선천지능이 탄생되는 것이다.

## 사주 구성의 원리와 선천지능 발현의 이해

### 사주 구성의 이해

여기서 사주가 어떻게 구성되는지를 이해하고 가자. 사주명식(四柱命式)은 개개인의 잠재능력을 분석하는 기본적인 틀이다. 사람은 출생하기 전까지는 호흡이나 영양 섭취 등 생물적 본능이 오직 모체(母體)를 통하여 이루어진다. 즉 입태(入胎)의 순간부터 출생하기까지의 기간 동안 생성, 변화, 발전의 형태로 태아의 형태를 잡아가게 된다. 그러다가 탄생과 동시에 외기(外氣)를 순간적으로 받아들이는 기체(氣體)의 결합시점이 발생한다. 이때 기체의 결합시점을 나타내는 출생 연월일시를 육십갑자의 부호(符號)로 표시하여 기록한 것이 바로 사주팔자이다.

사주팔자의 구성은 수학공식과 같은 것으로 출생 연월일시에 육십갑자를 적용시켜 순서대로 기록한다.

위와 같이 육십갑자가 세워지고 사주가 구성되며 각 글자에는 음양과 오행이 배속되어 있게 된다. 또 이 글자들은 각자의 독특한 심

예) 양력 2006년 9월 1일 오후 12시 10분 출생 (남자)

時 日 月 年
戊 癸 丙 丙
午 巳 申 戌

甲 癸 壬 辛 庚 己 戊 丁
辰 卯 寅 丑 子 亥 戌 酉

성이 내포되어 있으면서도 상생과 상극, 회합(결속)과 상충(배타) 등을 거치며 오묘하게 반응해 수없이 많은 인간의 내면적 심성과 물질적 작용을 표면화시킨다. 이처럼 변화무쌍한 개인의 육십갑자를 풀이하면 개인의 성격 특성과 흥미, 가치관, 타고난 선천지능, 선천적성 등을 파악할 수 있다. 또한 외부와의 작용으로 인하여 삶의 방향이 변하고, 자신의 능력이나 학업 및 직업관계, 부귀빈천 등의 변화를 예측하고 판단하는 인생 청사진과 같은 미래 예측이 가능한 것이다.

## 선천지능 발현의 이해

| 구분 | 오행이 음양의 구분으로 열 개의 간지(干支)로 표출되는 과정 | | | | | | | | | |
|---|---|---|---|---|---|---|---|---|---|---|
| 오행 | 木 | | 火 | | 土 | | 金 | | 水 | |
| 음양 | 양 | 음 | 양 | 음 | 양 | 음 | 양 | 음 | 양 | 음 |
| 천간 | 甲 | 乙 | 丙 | 丁 | 戊 | 己 | 庚 | 辛 | 壬 | 癸 |
| 지지 | 寅 | 卯 | 午 | 巳 | 辰戌 | 丑未 | 申 | 酉 | 子 | 亥 |

오행(木·火·土·金·水)은 음양으로 구분되면서 열 개의 간지로 나누어지며 일간 기준 상생상극에 의하여 십성의 명칭과 선천지능이 부여되고 있다.

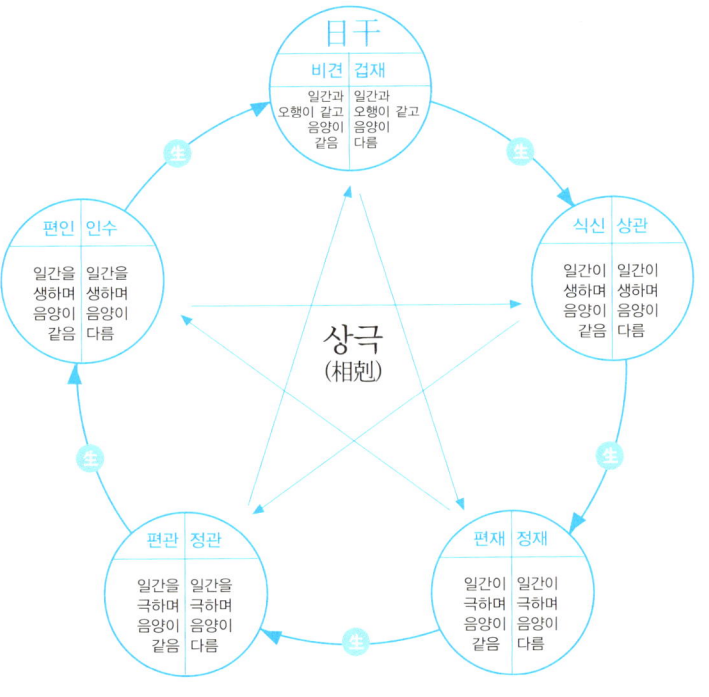

일간 기준 십성의 형성과정

인간은 누구나 열 개의 천간 중 하나가 자신을 나타내는 일간(主)이 되며 자신이 타고난 일간을 기준으로 다른 천간과 열두 개의 지지에 대입되어 십성을 형성시키게 된다.

사주에 배속된 음과 양, 오행들은 앞의 상생상극 표와 같이 일간(본인)을 기준으로 하는 상호간 상생의 작용과 상극의 반작용에 의한 열 개의 십성으로 표출된다. 이들은 각자 독특한 기질과 작용력이 결합돼 개인의 심리와 심성, 성격 등은 물론 독자적인 선천지능을 소유한다. 이와 같은 열 개의 상호작용에 의한 십성 표출과 지능 발현은 다음과 같다.

· 일간과 음양오행이 같은 : 비견(比肩) = 자존지능을 발현
· 일간과 오행이 같고 음양이 다른 : 겁재(劫財) = 경쟁지능을 발현
· 일간이 생하며 음양이 같은 : 식신(食神) = 연구지능을 발현
· 일간이 생하며 음양이 다른 : 상관(傷官) = 표현지능을 발현
· 일간이 극하며 음양이 같은 : 편재(偏財) = 평가지능을 발현
· 일간이 극하며 음양이 다른 : 정재(正財) = 설계지능을 발현
· 일간을 극하며 음양이 같은 : 편관(偏官) = 행동지능을 발현
· 일간을 극하며 음양이 다른 : 정관(正官) = 도덕지능을 발현
· 일간을 생하며 음양이 같은 : 편인(偏印) = 인식지능을 발현
· 일간을 생하며 음양이 다른 : 정인(正印) = 사고지능을 발현

이처럼 음양오행이 만든 열 개의 선천지능은 '나' 라는 기준이 개입되면서 보다 구체적인 지능으로 발현된다.

64쪽에 예로 든 2006년 남아의 일간(나)은 물(水)이다. 나와 동일

한 오행은 자존지능과 경쟁지능이 된다. 음양이 다른 경쟁지능은 나와 같지만 서로 승부근성을 느끼게 하는 경쟁지능을 발현시키는 작용을 한다. 내가 생해주는 연구지능과 표현지능은 스스로가 자연스럽게 뭔가에 몰두하게 되고 특정분야에 나의 에너지를 쏟거나 베풀게 되는 연구지능으로 발현되거나, 음양이 다르다면 순수하지는 않아도 살짝 목적의식이 가미되어 예술적이거나 독창적인 나만의 표현이 되어 변화와 감각적인 지능을 발현시킨다.

내가 극을 하는 오행은 외부의 사물을 평가하고 치밀하게 설계하여 실현시키는 평가지능과 설계지능을 발현시킨다. 내가 지배하고 싶은 공간과 영역을 의미하며 그로 인해 나의 가치를 높이려는 강력한 욕구를 발현시킨다. 자연스럽게 생해주는 편안한 관계가 아니라 내가 뭔가 얻어내려는 강력한 목표성을 부여하게 되며 음양이 다른 경우에는 더욱 치밀하고 현실적인 결과를 보고자 하는 설계지능을 발현시키게 된다.

나를 극하는 오행은 행동지능과 도덕지능으로 발현되는데 나를 지배하지만 특정한 범주 안에서 나를 관리해주고 안정감을 부여해주기도 한다. 그러므로 음양이 다르게 나를 극하는 오행은 덜 부담스러운 지배력을 발휘하므로 사회의 질서를 지키는 도덕지능으로 발현되며 음양이 같은 행동지능은 과감하고도 순간적인 결정력을 부여하여 우수한 판단력을 발현시킨다.

마지막으로 나를 생해주는 오행은 어머니와 같이 나를 편안하게 도와주는 생각지능과 인식지능으로 발현된다. 음양이 다른 생각지능은 주변을 정리하고 생각하고 자연스럽게 생해주는 오행이므로 나 자신은 뭔가를 받아들이는 데에 편안함을 느끼게 된다.

음양이 같은 인식지능은 종교나 예술적인 감각이 뛰어나고 그러한 분야에 대한 이해력으로 생각지능과 다소 유사한 지능이므로 영성적이면서 추리하는 인식력을 높이는 지능을 발현시킨다.

선천지능에는 강점지능과 약점지능이 존재한다. 또한 지능들 간의 조합으로 선호하는 직업유형이 생긴다. 이러한 조합은 더 나아가서 직업체질의 분석과 진로탐색을 위한 자료가 되어 우수한 선천지능을 발견하고 계발하는 일련의 과정을 거치게 된다. 이러한 일련의 과정들이 마침내 성공하는 인생으로 가는 중요한 역할을 하게 되는 것이다.

이 같은 개개인의 강점지능과 약점지능 관계를 다중지능 측면으로 심도 있게 연구하고 그 작용을 종합적으로 분석하여 열 개의 선천지능의 기질과 역할을 제시한 것이 우측 표의 내용이다.

선천지능(apriority intelligence)은 말 그대로 선천적으로 타고난 지능이지만 노력을 통하여 계발시키고 발전시켜야 한다. 그러나 활용하지 않는다고 해서 금방 사라지지는 않는다. 계발의 여하를 떠나 개인의 선천지능은 뼛속 깊이 저장되어 있는 것이다. 이는 후천적으로 계발된 지능이 활용되지 않을 때 자연히 사라지는 것과는 다르다. 하지만 타고난 지능이라 할지라도 조기에 발견해 적극적으로 발전시키지 않으면 의미가 없다.

| 열 개의 생성된 선천지능 분류와 해석 | |
|---|---|
| **자존지능**<br>공익적 협동과 신체적 기술을 촉발하는 지능<br>독창적, 협동적, 주관적, 열정적, 직선적,<br>실험적, 집중력, 자기 결정 중시, 현실성,<br>결과 지향 | **설계지능**<br>치밀하게 계산된 업무를 설계하고 수행하는 지능<br>논리적, 계산력, 현실적, 치밀함, 설계능력,<br>실리적, 가치 판단, 구성력, 에너지 축적,<br>장기적 결과 중시 |
| **경쟁지능**<br>경쟁과 모험의 독창적 자기 기술력 실험 지능<br>주관적, 직선적, 의지적, 자기 결정 중시,<br>몰입능력, 경쟁능력, 실험적, 체험과 경험,<br>결론 지향 | **행동지능**<br>과감하게 판단하고 결정하여 실행하는 지능<br>신속한 결정, 기억력, 판단력, 결과 중시,<br>관리능력, 이상에 관점, 조직구성, 에너지의 현<br>실적 활용 |
| **연구지능**<br>대인 관계와 연구의 전문 기술을 활용하는 지능<br>이타적, 감성적, 이해력, 유동적, 협조적,<br>기교력, 노하우, 이행 능력, 진실에 관점,<br>미래 지향 | **도덕지능**<br>원칙과 기준을 세우고 모범적인 사회성 지능<br>공정성, 판단능력, 기억력, 규범적, 도덕적,<br>보수적, 정교성, 설계능력, 명분, 내면적,<br>가능성 중시 |
| **표현지능**<br>창의성과 모방 및 설득과 비판의 언어표현 지능<br>표현능력, 감각적, 묘사에 능함, 예술성,<br>직설적, 독창적, 응용력 우수, 변화에 관점,<br>미적중시 | **인식지능**<br>추리와 직관력으로 여러 정보를 인식하는 지능<br>이해력, 암기력, 직관능력, 순발력, 창조적,<br>주관적, 추리력, 영성적, 초현실적 예술성,<br>현실성 중시 |
| **평가지능**<br>사물의 가치를 평가하고 결과를 내는 지능<br>수리능력, 가치판단력, 유동적, 활동적,<br>공간지각, 선과 색채 구분, 순간포착, 자율성,<br>결과 중시 | **생각지능**<br>학습의 수용과 생각을 기록정리 하는 지능<br>기록능력, 암기력, 수용적, 학습적, 보수적,<br>내면성,안정성 추구, 정리정돈, 항상성,<br>전통성 중시 |

## 다중지능과 선천지능의 상관관계

다음의 표는 가드너의 다중지능과 선천적성검사에서 검사하는 선천지능과의 관계에 대한 상관표이다. 선천지능은 다중지능에서 말하는 열 개의 지능으로 분석될 수 있는 지능으로 다음 표에서는 다중지능과 가장 연관성 있는 지능을 연결 지어 구분한 것이다.

| 선천지능과 다중지능의 비교 | |
|---|---|
| AAT의 선천지능 | 가드너의 다중지능 |
| 비견-자존지능(self-existence intelligence) | 자기이해지능(intrapersonal intelligence) |
| 겁재-경쟁지능(competition intelligence) | 신체운동지능(bodily-kinesthetic intelligence) |
| 식신-연구지능(research intelligence) | 대인관계지능(interpersonal intelligence) |
| 상관-표현지능(expression intelligence) | 언어지능(linguistic intelligence)-표현 |
| 편재-평가지능(estimation intelligence) | 공간지능(spatial intelligence) |
| 정재-설계지능(design intelligence) | 수학지능(mathematical intelligence) |
| 편관-행동지능(action intelligence) | 자연탐구지능(naturalist intelligence) |
| 정관-도덕지능(moral Intelligence) | 논리지능(logical intelligence) |
| 편인-인식지능(cognition intelligence) | 실존지능(existentialist) |
| 정인-사고지능(thinking intelligence) | 언어지능(linguistic intelligence)-쓰기 |

　　다중지능은 각 지능이 독립적이며, 각기 계발되는 과정이 다르고, 지능의 측정이 설문지로 불가능하다는 특징이 있다. 그러므로 가드너는 특정한 과제를 수행할 때만이 각각의 다중지능을 측정할 수 있다고 하였다. 하지만 선천적성검사에서는 질문지법이 아닌 태어나면서 주어진 생년월일시의 정보로 구성된 사주를 분석하여 각각의 지능을 측정한다.

　　서양의 교육학자 하워드 가드너의 다중지능 이론은 지금 세계 교육학계가 주목하며 전반적인 활용에 들어가 있다. 그러나 이토록 중요한 다중지능은 성장과정에서 형성되거나 계발해야 하는 숙제를 제시하고 있으며, 검사 또한 내검자의 인지능력이 우선되어야만 가능하다는 단점이 있다. 이에 비하여 사주로 분석되는 열 개의 선천적성은 출생 즉시 다중적인 지능 분포를 검사할 수 있으므로 아이의 성장과정에 장점지능과 단점지능을 조화롭게 계발시켜 나갈 수 있다. 한마디로 빠른 시간에 어떠한 시행착오도 없이 검사에 성공하고 아이에 대한 진로 제시가 가능한 검사이다.

# 02 선천적성 트라이앵글

열 개의 선천지능은 한 사람의 사주에서 여덟 개의 글자로 부호화하여 나타낸다. 사주에서 여덟 개의 글자는 열 개의 선천지능 중 개인별로 다른 지능으로 구성되며 각기 위치와 강약에 따라 개인별 우수지능을 발현시킨다. 여기서 가장 중요한 역할을 하는 세 개의 선천지능은 목표를 지향하는 지능인 '목표성', 흥미를 유발하는 지능인 '흥미성', 활용을 해야 하는 지능인 '활용성'으로 나눌 수 있다.

이렇게 3개의 지능이 주체를 이루며 개인의 타고난 적성을 구성한다. 이것을 통틀어 직업적성 트라이앵글이라고 한다. 이 가운데에서 본인이 잘하는 것이 바로 우수한 선천지능이다.

흥미성은 우리들이 흔히 말하는 천성에 해당된다. 타고난 것 중에서 가장 확실하게 작용하고 있는 요소로 '그 아이 천성이 그래.' 혹은 '천성대로 살아야지.'에 해당되는 바로 그것이다. 목표성은 내가 원하고 지향하는 것이다. 활용성은 내게 부족하지만 선천지능을 발전시키기 위해 더욱 보강해야 하는 지능을 의미한다.

여기서 흥미를 유발하는 지능은 개인이 가진 지능 중에서 가장 우수한 지능으로, 선천적으로 자연스럽게 관심이 가며 가진 지능에 비하여 우수한 능력을 나타나게 되는 지능이다.

목표를 지향하는 지능은 선천적으로 자신이 마음속으로 추구하는 인생의 목표와 방향성을 부여하는 지능이다. 활용을 해야 하는 지능은 이러한 흥미성과 목표성을 가지게 되는 지능을 보다 효율적으로 활용하기 위해 보강되면 좋을 지능으로서 개인차에 따라서 이 지능을 보유하기도 하고 없을 수도 있으므로 스스로 노력해서 보완해야 하는 지능이기도 하다.

지능 이론에서는 우수한 지능과 열등한 지능만을 단편적으로 설명한다. 그러나 선천적성검사에서는 이러한 지능들이 직업적성으로 활용되기 위한 세 가지 요소를 추출하여 분석해주며, 진로탐색의 방향성을 제시해준다는 장점이 있다.

가령 언어지능이 우수한 아이라 할지라도 단순히 '언어지능 우수'라는 몇 마디의 말로 설명이 되지 않는 경우가 많다. 같은 언어지능이라도 인식지능이 개입되면 작가가 되어야 하고 표현지능이 개입되면 아나운서나 사회자 혹은 대인관계가 활발한 직업으로 방향을 잡아야 한다. 여기에 활용성이 다시 개입되면 완벽한 직업적성 트라이앵글을 이루게 된다. 이 트라이앵글로 분석되어 한 사람의 적성을 알게 되는 것. 이것이 바로 개인의 성공유전자를 아는 것이다.

지금까지 열 개의 다중적인 선천지능에 대하여 살펴보았다. 선천지능은 한 사람의 능력을 의미하는 지능뿐만 아니라 개인의 성격과 적성에도 지대한 영향을 주고 있다. 개인에게 있어서 선천지능은 하나의 지능만 존재하는 것이 아니다. 여러 개의 지능이 동시에 존재하며 이러한 지능 간의 분포에 따른 상호작용은 또 다른 지능과 성격 및 적성 등을 형성하게 된다.

그렇다면 우리 아이는 어떤 선천지능을 타고 났을까? 선천지능은 일찍부터 갈고닦아야 아이의 재능을 활짝 꽃피울 수 있다는데 아이의 지능을 미리 알고 계발할 수 있는 방법은 무엇일까?

기회가 왔을 때 준비가 돼서 그 기회를 써먹을 수 있는 천성을 알아야 한다. 그러나 천성이란 원석도 중요하지만 동시에 갈고닦는 것도 중요하다. 박태환 선수는 어려서 천식을 치료하기 위해 우연히 시작한 수영에 소질이 있음을 알고 수영선수의 길을 걸었다. 천혜림 양은 '질투는 나의 힘!' 이 되어 영어 잘하는 친구들을 부러워하다 친구들보다 더 열심히 공부해 영어의 고수가 되었다.

선천지능은 열 개의 지능별로 각기 고유한 능력을 가진다. 그중에 직업적성 트라이앵글을 이루는 흥미성, 목표성, 활용성에 해당되는 세 개의 선천지능은 서로 조화를 이루면서 다양한 적성을 발전시켜나간다.

직업체질은 사회생활의 적응력에
매우 민감하게 작용하므로 상당히 중요한 요인이다.
또한 업무를 수행하는 과정 중
리더의 위치에서 활동하는 것을 선호하는지,
조직원으로 활동하는 것을 좋아하는지,
아니면 자신만의 전문지식을 기반으로
자율적으로 활동하는 것을 선호하는지도
중요한 직업체질 요인이다.

# 3장

# 타고난 직업체질

# 01 타고난 직업체질이 있다

선천적성검사를 통해 아이의 흥미성, 목표성, 활용성에 관한 직업적성 트라이앵글을 분석하고 나면 아이가 지닌 직업의 체질을 알아야 한다. 열 개의 선천지능은 자신을 중심으로 오행이 형성되는 코스에 따라 직업체질이 형성된다.

예컨대 선천직업적성이 과학자라고 해도 직장에 소속되어 연구하는 직업체질인지, 발명품을 개발하여 제조 사업을 하는 직업체질인지, 프리랜서로 활동하는 것이 적합한 직업체질인지를 구분해야만 직업 만족도가 높아지게 된다. 직업체질은 사회생활의 적응력에 매우 민감하게 작용하므로 상당히 중요한 요인이다.

또한 업무를 수행하는 과정 중 리더의 위치에서 활동하는 것을 선호하는지, 조직원으로 활동하는 것을 좋아하는지, 아니면 자신만의 전문지식을 기반으로 자율적으로 활동하는 것을 선호하는지도 중요한 직업체질 요인이다. 여기에 한 가지를 더한다면 도전적인 일을 선호하는지, 안정적인 일을 선호하는지에 대한 위험감수수준도 직업체질의 한 부분이다.

직업선택에 있어서 가장 중요한 요인은 '무엇을'과 '어떻게', 이 두 가지이다. 여기서 '어떻게'에 해당되는 것이 바로 직업체질이다.

자신의 체질이 원하는 직업유형은 분명히 있다. 자신의 직업체질을 감안해서 직업을 선택해야 한다는 것은 직업선택에 있어서 '어떻게 할 것인가?'에 해당되는 부분이다. 원하는 직업을 갖게 되었어도 그 직업에 만족하지 못하는 이유가 바로 여기에 있다.

취직을 할 때 정말 중요한 요인인데도 불구하고 대부분의 사람들은 직업도 체질이 있다는 것을 전혀 생각하지 않는다. '그래, 나는 선생님이 될 거야.', '의사가 될 거야.', '멋진 CEO가 될 거야.'라는 생각만 하고 '어떻게 될 것인지'까지는 생각하지 않는다. 이는 부모들도 마찬가지이다. 하지만 정작 취직을 하고 사회생활을 시작하면 문제는 달라진다.

하나의 예를 들어보자. 우리들 주변에는 선생님을 하겠다는 아이들이 유난히 많다. 왜냐면 태어나서 엄마, 아빠를 제외하고 만난 직업인이 거의 선생님이어서 그렇다. 그런데 정작 선생님이 된다 해도 생각하지 못한 부분이 있다. 그건 바로 내가 공교육을 맡게 되는 선생님이 될지, 좀 더 자유롭게 가르치는 사교육 선생님이 될지 여부이다. 이런 생각은 분명히 해봐야 한다. 아니면 선생님을 해도 가르치는 것만 할지 아니면 관리자로서 활동할지도 중요하다. 아이들의 직업선호검사에서 1순위로 나오는 교사도 다음의 내용처럼 직업체질이 다양하다.

| 직업체질 분석 | | | |
|---|---|---|---|
| **선생님** | 학교 선생님 | ⇨ | 직장형 |
| | 학원 선생님 | ⇨ | 자유형 |
| | 연구 개발하는 선생님 | ⇨ | 전문가형 |
| | 관리자로서의 선생님 | ⇨ | 리더형 |

대학을 갓 졸업한 젊은이들은 대기업을 선호한다. 그들은 기업에 들어가면 홍보팀에서 일하고 싶다거나 해외영업부에서 일하고 싶다는 등의 피상적인 생각들을 한다. 하지만 그보다 더 우선되어야 할 것은 자신이 조직생활에 잘 적응하는지 아니면 프리랜서로 활동하는 것이 맞는지부터 알아야 한다. 친구 따라 강남 가는 식으로 남들이 선호한다고 다 나에게 맞는 직업은 아니다.

하나의 직업에는 한 가지 일만 할 거라고 생각하면 너무나 큰 착각이다. 가만히 들여다보면 그 속에서 너무나 다양한 일들을 하고 있다. 여기까지 생각해야 장래 직업을 잘 준비하고 선택하는 것이다.

| | | |
|---|---|---|
| 1 | **직업체질의 객관적 분석 (직업유형)** | 직장형 |
| | | 사업형 |
| | | 자유형 |
| 2 | **직업체질의 주관적 분석 (업무기능)** | 리더기능 |
| | | 참모기능 |
| | | 전문기능 |

직업체질 분석패턴

직업체질은 위와 같이 직업유형이라는 객관적 분석과 업무기능이라는 주관적 분석으로 나눌 수 있다. 직장형, 사업형, 자유형은 객관적인 기준에서 직업을 분류한 것으로 어떤 형태의 조직활동이 적합한지를 분류한 것이다. 리더기능, 참모기능, 전문기능은 주관적인 기준에서 한 개인이 어떤 형태로 활동하는지를 분류한 것이다.

## 선천적성검사를 통하여
## 자신의 타고난 직업체질유형에 대한 연구결과

현재 직업을 가지고 있는, 서울에서 거주하는 성인 315명(남자 160명, 여자 155명)을 대상으로 선천적성검사를 실시하였다. 실제 종사하고 있는 직종과 선천적성검사 결과로 나타난 선천직업체질(직장형 187명, 사업형 65명, 자유형 63명)과 일치할 경우와 불일치할 경우에 따라 만족도를 조사하였다.
결과는 선천직업체질과 실제 종사 직종과 일치할 경우의 직업 만족도는 4.00으로 나타났고 불일치했을 경우 3.08으로 나타나 매우 유의미한 차이를 보였다. 이와 같은 결과는 진로를 경정할 때 자신의 타고난 선천적 직업체질 검사가 필수적임을 보여주는 것이다.

# 02 직업 유형이란?

직업체질에 있어서 객관적 분석은 직장형, 사업형, 자유형 세 가지에 대한 분석이다. 세 가지는 각기 어떤 유형일까?

## 직장형은 남에게 고용된 사람 : 회사나 조직에 속하여 활동하는 직업유형

직장형은 대기업에 취직하거나 조직에서 활동하는 것을 더 안정되고 편안하게 여기는 사람이다. 사람들과 함께 일하는 것과 조직에 속해 있다는 안정감을 선호한다. 물론 자기 사업을 하기 전 사회경험을 쌓기 위해 취직을 하는 사람도 있겠지만, 이 직업유형의 사람들은 근본적으로 직장에서 안정되게 일하는 체질이다. 누군가가 결정하고 누군가가 만들어놓은 일들을 처리해주고 성실하게 책임을 다하는 것에 의미를 둔다.

직장형의 성향을 지닌 아이는 학교에서도 정해진 규범을 잘 따르며 성실하게 학교생활을 한다. 이런 아이에겐 자신의 할 일을 정확하게 제시해주어 안정된 환경에서 자신의 책임을 다할 줄 아는 아이로 키워야 한다.

## 사업형은 남을 고용한 사람 : 사업가, 자영업자 등 자기 사업체를 가지고 활동하는 직업유형

사업형은 도전 의식을 바탕으로 새로운 아이템을 개발하고 실제적으로 실행해보는 유형이다. 누군가가 깔아놓은 멍석에 있는 게 싫다. 조직 내에서의 활동을 힘들어 하지만 조직을 만들고 방향을 결정하고 운영하는 것은 좋아한다.

사업형의 성향을 지닌 아이는 뭘 만들기도 하고 엉뚱한 주장을 해 주위를 당혹스럽게 하곤 한다. 그런 아이는 다소 주위가 산만하고 고집이 센 성격이라서 너무 규정된 틀만을 강요해서는 안 된다. 사업형의 아이들에겐 자신이 하고 싶은 일이나 아이만의 특별한 아이디어가 있으면 이를 격려해주고 북돋아주는 부모의 배려가 필요하다.

## 자유형은 스스로를 고용한 사람 : 직장형과 사업형이 복합된 유형

자유형은 선택이 자유롭다. 어딘가에 속하지도 않고 누구를 고용하지도 않는다. 혹은 어딘가에 속할 수도 있고 누군가를 고용할 수도 있는 복합적인 유형이다. 기동력 있게 소수만이 움직이며 혼자 활동하기도 한다. 근무시간, 사무실 안에서의 업무 등 이런 것들과는 거리가 멀다. 자신의 능력을 필요로 하는 사람들에게 자신의 기술력과 노하우를 제공하는 형태로 경제활동을 한다. 자신만의 분야에서 톡톡 튀는 아이디어를 구상하고 이를 활용하는 걸 좋아한다.

자유형의 성향을 지닌 아이는 조직생활에 잘 적응하지 못한다. 그런 아이는 학교 다니는 것이 무척이나 힘들 것이다. 중·고등학교에서도 공부하는 건 좋을지 몰라도 정해진 대로 생활하는 것을 고통스러워한다. 부모들도 우리 아이가 남들 다 하는 게 너무 힘들 수도 있다는 걸 알아줘야 한다.

이처럼 다양한 직업유형들이 있고 적용해야 할 바가 다 다르다. 취업난에 시달리는 우리의 젊은이들이 어렵게 취업하고도 갈등을 겪지 않으려면 직업체질을 알아야 한다.

# 03 업무 수행기능이란?

직업체질에 있어서 주관적 분석은 리더기능, 참모기능, 전문기능 등 세 가지 유형에 따른 분류이다. 세 가지는 각기 어떤 유형일까? 이 분석은 직업을 가지고 활동하는 형태를 자신의 기준에서 나누어본 체질이다.

### 리더기능은 '나를 따르라!' 라고 말한다

대통령, 사업가, 관리자 등이 이에 속하며 조직을 책임지고 이끄는 유형이다.

리더기능은 회사를 다니든 사업을 하든 어디에서건 리더가 되어야 한다. 누군가의 의견을 듣고만 있지 못하고 적극적으로 내 의견을 주장하며 결정권을 갖고 있어야 한다. 그래서 '나를 따르라!' 라고 말할 수 있게 항상 새롭고 참신한 아이디어가 많다.

### 참모기능은 '너를 따르면 날 인정해줘!' 라고 말한다

모든 조직에서 리더를 제외한 고위관리자로서 과제 달성을 적극적으로 지향하는 유형이다.

참모기능은 실현가이다. 대통령을 모시는 국무총리도 참모이다. 참모가 없고 세상에 일 벌리기 좋아하는 리더만 있다면, 일만 많고 도무지 해결되는 사안이 없을 것이다. 참모기능은 어떤 사안에 대해서 마지막까지 책임지고 주어진 일을 마무리하는 사람이다. 참모는 주어진 과제를 멋지게 실현시키지만 리더나 상사로부터 자신이 한 일에 대해서 꼭 인정을 받아야 한다.

### 전문기능은 '인생은 어차피 홀로서기야.' 라고 말한다

조직활동이든 개인활동이든 고도의 자기 전문성을 살려 개별적 활동을 전개하는 유형이다.

누가 명령을 내릴 수도 없고 자신이 명령할 일도 없다. 내 일은 나만 알고 있는 사람으로 자기 영역을 꼭 확보하고 활동한다.


직업유형의 분류는 직장생활에 있어서 2%를 채워주는 중요한 내용이다. 이제는 무엇을 하느냐도 중요하지만 어떻게 하느냐가 더 중요하다. 이처럼 섬세하고 구체적인 직업체질 분석이 되어야 현대와 같은 감성의 시대에 자신에게 딱 맞는 직업유형을 제대로 알고 업무에 임할 수 있는 것이다.

# 04 직업체질
## 스타일

"저 사람은 영업이 딱 체질이야!"

"미영이는 가르치는 선생이 체질이야!"

우리는 흔히 자신과 잘 맞는 직업을 가진 사람들에게 이런 말을 한다. 이렇게 누구나 자신과 잘 맞는 선천적인 직업체질의 스타일이 있다. 자신의 선천적성을 찾아 최고의 직업을 선택하였다 해도 직업체질 스타일도 맞아야 능률적인 직업인이 될 수 있다. 이것을 '체질에 맞는 직업 스타일'이라고 한다.

우리 아이의 선천지능을 분석해보면 직업체질도 알 수 있다. 세 개의 직업유형이 업무수행기능과 조화를 이루어 모두 아홉 가지의 직업체질로 최종 분석된다.

**직장형
스타일**

### 직장형 + 리더기능의 직업체질

직장에서 큰소리 뻥뻥 치면서 자기 맘대로 해야 직성이 풀린다. 그래서 조용히 지내기보다 승진에

PART 2_ 타고난 직업체질을 찾아라  85

목숨을 건다. 그것도 최고의 자리에 오를 때까지는 만족을 못한다.

이 타입의 아이는 학교에서는 꼭 짱이 되어야 하고 회장도 해야 한다. 혼자 열심히 살기보다 주변에 꼭 친구들을 이끌고 다녀야 기분이 좋아진다. 대장이 되어야 하는 체질이다. 이런 아이가 선생님과 궁합이 잘 맞으면 행복한 학교생활이 되지만 어긋나면 서로 힘들다.

▶ 대표인물 : 이명박 대통령 (Part 3_140쪽 사례)

### 직장형 + 참모기능의 직업체질

조직의 최고 책임자를 보좌하여 일을 처리하며 책임감과 성실함이 남다르다. 진정한 직장인답다. 하지만 어떤 방법으로든 인정을 받아야 한다.

이 타입의 아이는 친구들 사이에서 리더 노릇하는 친구와 제일 친하다. 그래서 리더가 아니어도 모두 이 아이의 말은 잘 들어주고 인정해준다. 리더와 친구들 사이에서 중재도 잘해 모두가 좋아하고 선생님도 좋아한다. 이런 친구들이 보통 공부도 잘하고 행동도 모범적인 경우가 많다.

▶ 대표인물 : 전 총리 고건 (Part 3_191쪽 사례)

### 직장형 + 전문기능의 직업체질

직장에 다니긴 해도 자기 영역이 분명하여 조직에서 생활을 할 뿐 직장에서도 마치 자기 일을 하는 사람 같다. 조직원들과 화합하지 않고 혼자 일을 해도 아무도 뭐라고 못한다. 왜냐하면 자기만 알고 있는 전문적인 일을 하기 때문이다.

이 타입의 아이는 그리 친한 친구들도 많지 않지만 같이 있으면 잘 어울린다. 하지만 혼자 있든 같이 있든 자기 할 일은 열심히 제대로 한다. 학교에서 보면 모두가 좋아하지도 싫어하지도 않는 무난한 친구들이다. 학교 규칙도 잘 지키지만 선생님이나 친구들의 인정보다는 혼자 재밌게 잘 산다. 모범생이라기보다는 재주가 많아 특기 부문에서 상을 많이 타는 친구들이다.

▶ 대표인물 : 연구원 윤덕이 (Part 4_235쪽 사례)

**사업형 스타일**

### 사업형 +리더기능의 직업체질

사업을 하면서도 모든 트렌드를 이끌어가는 사람이다. 아는 것도 많고 돌아다닐 일도 많다. 그래서 명령할 일도 많다.

이 타입의 아이는 학교에서 운동이든 게임이든 놀러다니는 것이든 유행을 만드는 데 선수이다. 이런 친구가 긍정적인 방향으로 즐겁게 지낸다면 좋지만 노는 분위기로 몰아간다면 주변 친구들에게까지 나쁜 영향을 미친다. 방과 후에도 학교에 자주 나타나거나 늦게 가는 친구들이 많다. 항상 뭘 하는지 주시해야 한다. 친구들은 이 아이가 무슨 일을 벌일까 늘 기대가 많고 선생님은 걱정이 많다.

▶ 대표인물 : 현대그룹 정주영 회장 (Part 3_164쪽 사례)

### 사업형 + 참모기능의 직업체질

사업을 하면서도 주류를 파악하며 면밀하게 행동하는 사람이다. 언제나 사업 파트너가 있어서 안정적이면서 조심스럽다.

이 타입의 아이는 정보 수집의 대가이다. 이런 아이는 대장이 무슨 일을 생각하고 계획하며 친구들 모으고 앞으로의 작전까지 다 짜서 말해준다. 그러면서도 자신의 이익만큼은 꼼꼼히 잘 챙기는 편이라서 절대 손해는 안 본다. 나서지는 않아도 무슨 일이든 자기가 원하는 대로 잘 놀고 잘 어울리고 의리도 있다.

▶ **대표인물 : 기업가이자 국회의원 정몽준 (Part3_174쪽 사례)**


### 사업형 +전문기능의 직업체질

사업을 해도 아무도 따라올 수 없는 자기만의 전문기술이 있다. 한마디로 벤처기업인이다. 동종업계를 둘러볼 필요도 주류를 파악할 필요도 못 느끼며 마이 웨이를 열심히 가는 사람이다.

이 타입의 아이는 혼자 뭔가를 하다가 주변의 핀잔을 잘 받는다. 뭔가에 몰두하게 되면 수업종이 쳐도 잘 못 듣기 일쑤이다. 실험이나 미술작업을 하게 되면 너무나 심취해서 시간 가는 줄 모른다. 학교 공부에 흥미를 잃기 쉽고 외부활동에 더 관심이 많다. 체험활동에 관심이 많고 이 아이만의 세계가 너무나 분명하며 일기 내용도 다른 아이들과 다르게 너무나 다채롭다.

▶ **대표인물 : 백신 개발자 안철수 (Part3_156쪽 사례)**

| 자유형<br>스타일 | 자유형은 직장형과 사업형이 복합적으로 겸비된 유형이므로 환경적 요인이나 개인적 경험에 따라 직장형으로 보일 수도 있으며 사업형으로 보일 수도 있다. 본인의 선택에 따라 얼마든지 양쪽에 적응 |

이 가능한 유형이다.

## 자유형 + 리더기능의 직업체질

어딘가에 속해 있지 않아도 주류를 이끌어가는 사람이다. 어디든 내가 먼저 깃발을 꽂아야 직성이 풀린다.

이 타입의 아이는 복합적인 면을 갖고 있어서 주변에 여건이 조성되면 리더로 나서기도 하지만 회장이나 대장이 아니어도 개별활동이나 친구들과의 모임에서도 설득력 있게 모임을 이끌어간다. 어느 모임에서도 구심점이 되는 아이라 이 아이가 있으면 그 단체는 오래 지속되는 특징이 있다. 하지만 재미가 있고 없고는 모인 아이들의 특성에 좌우된다.

▶ **대표인물 : 노무현 전 대통령 (Part 3_210쪽 사례)**

## 자유형 + 참모기능의 직업체질

자유롭게 일하는 듯해도 그 속에서 안정을 추구한다. 시대적 흐름을 잘 파악하고 트렌드에 예민하다. 그리고 도움이 되는 조직이나 사람이 있다면 잠시 뜻을 같이 하는 걸 그리 싫어하지 않는다.

이 타입의 아이는 복합적 유형의 자유형이라 어느 단체에 있던지 편하게 잘 적응한다. 자유형 참모기능으로 어디를 가든 여유롭게 지낸다. 나서지도 않지만 그렇다고 아웃사이더같이 혼자 놀지도 않는다. 어딜 가든 잘 어울리고 친구들이 잘 끼워주는 등 한마디로 무난한 아이이다. 그래서 이런 아이가 있으면 주변이 평화로워진다.

▶ 대표인물 : 전 보건복지부 장관 유시민 (Part 4_213쪽 사례)


## 자유형 + 전문기능의 직업체질

자신만의 노하우가 확실한 사람이다. 아무도 대체할 수 없는 기술력으로 승부한다. 그래서 모든 걸 직접 해야 하지만 그런 만큼 확실한 인정도 받는다.

이 타입의 아이는 조용히 지내는 듯 보이지만 방과 후에는 무척 바쁜 아이이다. 그러다가 학예회나 특기적성 발표회, 수련회와 같은 행사가 열리면 스타로 급부상한다. 친구들이나 선생님 모두가 깜짝 놀랄 만한 변신의 귀재이다.

▶ 대표인물 : 탤런트 이순재 (Part 3_211쪽 사례)

위험감수수준을 보다 쉽게 설명하자면,
정년이 보장되거나 모험이 따르지 않는 직장 등을 선호하거나
일반 사무직, 내근직, 정해진 업무 등을 선호하는 사람들은
위험을 감수하는 수준이 낮다.
반대로 사업을 하거나 위험이 따라도 도전적이고
창조적인 일을 선호하는 사람들은 위험을 감수하는 수준이 높다.
이와 같은 자신의 위험감수수준의 정도를 조기에 검사할 수 있다면
유아기의 놀이부터 양육방법, 학과계열 선택 및 전공 선택 등
진로를 결정하는 데 핵심적인 정보를 제공받을 수 있게 된다.
위험감수수준은 자기 스스로가 선택하는 것이 아니라
타고난 성격과 체질에 따라 드러나는
자신의 본성이며 선천적인 성향이라는 데에 주목해야 한다.

4장

# 위험감수수준과
# 직무 스타일

# 01 위험감수 수준이란

위험감수수준(risk-taking level)이란 중요한 의사결정을 할 때 '기꺼이 위험을 감수하려고 하는 성향이 있는가'의 수준 정도를 판단하는 개념이다.

위험감수수준이 높은 사람은 불확실하고 위험이 내재되어 있지만 보상은 큰 대안을 선택하고, 위험감수수준이 낮은 사람은 보상이 비록 작더라도 확실하고 안정적인 대안을 선택하게 된다. 위험감수수준은 직업선택, 기업 경영, 소비 경향 등 다양한 면에서 활용되고 있는 용어이다.

위험감수수준을 보다 쉽게 설명하자면, 정년이 보장되거나 모험이 따르지 않는 직장 등을 선호하거나 일반 사무직, 내근직, 정해진 업무 등을 선호하는 사람들은 위험을 감수하는 수준이 낮다. 반대로 사업을 하거나 위험이 따라도 도전적이고 창조적인 일을 선호하는 사람들은 위험을 감수하는 수준이 높다.

이와 같은 위험감수수준의 정도를 조기에 검사할 수 있다면 유아기의 놀이부터 양육방법, 학과계열 선택 및 전공 선택 등 진로를 결정하는 데 핵심적인 정보를 제공받을 수 있게 된다.

위험감수수준은 자기 스스로가 선택하는 것이 아니라 타고난 성격과 체질에 따라 드러나는 자신의 본성이며 선천적인 성향이라는 데에 주목해야 한다.

위험감수수준에 대해 연구한 '대학생의 명리직업선천성과 진로자기효능감 및 위험감수수준의 관계분석(김기승, 2009)' 은 직업유형에 따른 위험감수수준의 관계가 잘 드러난다. 표본 집단 대학생들의 출생 연월일시를 통해 선천적성검사를 실시, 개인의 직업유형을 구별하고 그에 따른 위험감수수준의 관계를 알기 위한 설문을 실시하여 통계 및 검증한 결과 직장형, 사업형, 자유형 중에서 위험감수수준이 가장 낮은 직업유형은 직장형이었으며, 자유형은 중간이었고, 사업형이 가장 높게 나타났다. 이는 '사주를 이용한 성격 및 적성검사 방법'의 특허 프로그램으로 실시되는 검사항목 중 직업선택 위험감수수준 검사항목의 신뢰도와 타당성을 입증하기 위하여 2009년 실시한 것이다.

# 02 위험감수수준과 직업

직업유형과 위험감수수준은 관련이 깊다. 위험감수수준이란 안정적이고 예견 가능하고 책임질 일이 적은 업무를 선호하는지, 아니면 도전적이고 창의적이며 보장성은 적으나 성공하면 주어지는 결과의 만족도가 높은 업무를 선호하는지에 대한 검사이다.

어떤 유형의 직장에서 어떠한 분야의 업무를 담당하든 위험감수수준은 타고난 성격을 많이 반영하고 있다. 아래는 선천적성검사에서 위험감수수준의 높음, 보통, 낮음을 구별하고 설명을 제공하는 내용이다.

❖ **위험감수수준 높음**

- 창업과 프리랜서 활동에 적합하며 도전적인 업무가 적합.
- 자신이 결과를 책임지는 실적 위주의 업무가 적합.
- 성취 욕구가 높아 미래가 보장되지 않아도 인센티

브가 높은 일이 적합.

- 안정적이고 반복되는 일에 대한 적응력이 매우 약함.


❖ **위험감수수준 보통**
- 안정적인 면도 고려하지만 어디나 적응 가능한 수준.
- 확실한 대안이 있다면 새로운 업무에 대한 도전도
  가능.


❖ **위험감수수준 낮음**
- 직장생활을 하는 것이 적합하며 창업은 프랜차이즈
  운영이 적합.
- 책임을 지는 부담이 덜한 관리 및 연구부서가 적합.
- 안정된 수입이 보장되고 계획과 예측이 가능한 업
  무 선호.
- 설득과 타협 능력이 약하고 변화에 대한 적응력이
  매우 약함.


우리 아이에겐 분명 보이지 않는 아이만의 재주가 있다. 부모의 단편적인 신념에 묶여서 아이의 재주를 인정하지 못하고 있다면 부모자식 간에 이보다 더 큰 불행은 없다.

아이의 나쁜 습관이나 못된 버릇이라고 해서 무조건 탓할 게 아니라 지금부터 아이의 행동을 관심을 갖고 유심히 관찰해보자. 그

버릇이나 습관이 아이가 가장 잘할 수 있는 소질로 발전할 수도 있기 때문이다.

아이는 벽에 그림을 그리는 것이 즐거울 뿐인데 어른들도 자신의 잣대로 낙서를 할뿐이라며 "다음에 또 그러면 때려준다."고 아이를 윽박지르곤 한다. 하지만 진정으로 아이의 성공을 원한다면 "정말 화가의 소질을 타고난 것 같아!"라며 칭찬해줘라. 그리고 당장 달려가 도화지를 사다가 벽에 붙여주고 마음대로 그리라고 하라.

동물들에게 구르는 건 너무나 쉬운 일이건만 왜 굼벵이가 구르면 굳이 '재주'가 있다고 하는 것일까? 그건 굼벵이가 유일하게 잘할 수 있는 게 '구르는 것'이기 때문이다. 굼벵이는 평생 유일하게 자기가 잘하는 구르기를 한 덕분에 한여름 멋진 매미가 되어 목청껏 울 수 있는 것이다.

아무리 사소한 일일지라도 자신이 잘할 수 있는 일을 찾아 평생 신나게 일하며 사는 사람처럼 행복한 사람도 없다. 유난히 신바람을 중요하게 여겼던 우리나라 민족성에 가장 잘 맞는 삶의 모습이 바로 신나게 사는 것이다.

같은 일을 해도 자신이 잘하는 것을 살리는 게 제일 유리하다. 역전 인생으로 가는 것은 '질풍노도의 시기' 대신, 질풍 '로또'의 시기를 만나야 되는 것이 아니다. 생각하기 싫어 말하는 '아무거나'가 아니라 내가 잘할 수 있는 '바로 그것'을 찾아서 갈고닦아야 한다. '남들이 다 하는 것' 그리고 '인기 있는 것'이 아니라 내가 '잘하는 것'을 해야 한다.

지금 인기 있는 것은 지금만 인기 있다. 사랑하는 자녀에게 영원히 인기 있는 일을 찾아주는 것만큼 아이를 평생 신나게 하는 것도 없다.

부모의 기준으로 우리 아이가 무엇을 해야 행복할 것인가를 생각하지 마라. 우리 아이에게 맞는 맞춤형 적성을 찾아 선물해줘야 한다.

자신이 공부를 잘했다고 자녀에게도 무조건 공부만을 잘하길 기대하지 마라. 과연 아이도 공부 잘하는 기술을 타고 났을까? 다른 사람들을 의식하면서 부모의 생각대로 아이를 키워서는 안 된다. 타고난 대로 키워야 탁월하게 잘 큰다.

- 조직에 적응해야 능력을 발휘할 수 있는 직장형.
- 사업이나 자영업을 해야 잘할 수 있는 사업가형.
- 전문 프리랜서를 해야 능력을 발휘할 수 있는 전문가형.
간단해 보이지만 사회에 진출해도
위 직업유형이 맞지 않으면 스스로 능력 발휘가 잘 안 되고
남들에게 무능한 존재로 보일 수 있는 것이다.

# 5장

# 직업체질을 찾아
# 성공한 사람들

# 01 퇴출 대상 1호 성찬 씨, 선천적성인 장사로 성공하다

열심히만 하면 되는 줄 알았더니……. 어찌 된 일인가? 그렇게 참고 인내하며 열심히 일한 나를 회사에서 인정해주지 않는 처지에 놓이게 된다면 얼마나 분하고 억울할까. 그러나 자신도 회사의 낮은 평가를 인정할 수밖에 없는 원인이 있다면 할 말이 없지 않을까.

그런 상황이 왜 일어날까? 그것은 개개인마다 자신이 잘 적응할 수 있는 선천적인 직업유형이 다르기 때문이다. 자신의 적성을 찾았어도 자신의 직업체질에 맞는 직업유형이 뒤따라야 성공적인 직장생활을 할 수 있는 것이다.

- 조직에 적응해야 능력을 발휘할 수 있는 직장형.
- 사업이나 자영업을 해야 잘할 수 있는 사업가형.
- 전문 프리랜서를 해야 능력을 발휘할 수 있는 자유형.

간단해 보이지만 사회에 진출해도 위 직업유형이 맞지 않으면 스스로 능력 발휘가 잘 안 되고 남들에게 무능한 존재로 보일 수 있는 것이다.

선천지능에 따른 직업적성 상담사례를 통해 구체적으로 살펴보자.

성찬 씨는 대학에서 경영학을 전공하고 졸업 후 직장에 들어갔다. 결혼도 하고 아이도 낳고 평화로운 가정을 꾸려가고 있었다. 그러나 나이 마흔인 그에게 생각지도 못한 위기가 닥쳐올 줄이야. 어느 날 직장에서 퇴출 1순위가 되어 있는 게 아닌가!

그는 마치 고해성사를 하듯 눈물로 힘들었던 자신의 직장생활을 하염없이 쏟아냈다. 자신의 창의적인 의견이 툭하면 무시되고 오직 상명하달에 움직여야 하는 직장의 구조에 적응하기가 너무나 힘들었다는 것이다. 그의 사주를 통하여 분석된 선천적성검사 결과를 보면 충분히 이해하고도 남음이 있다.

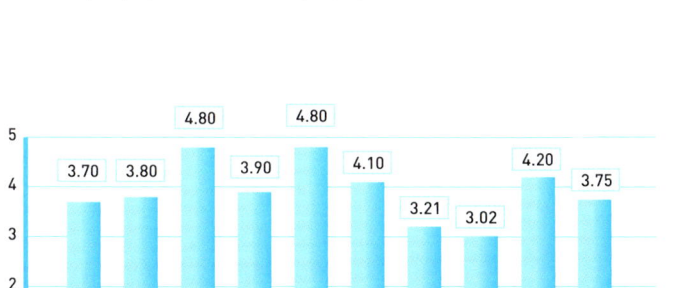

성찬 씨의 출생정보로 분석된 선천지능 분포

성찬 씨의 선천지능검사 결과, 평가지능과 연구지능이 우수하여
자신이 전공한 경영학이 자신의 적성과 잘 맞는 것으로 나왔다.

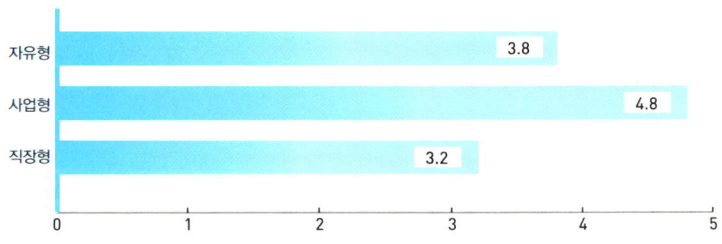

성찬 씨의 출생정보로 분석된 직업유형 분포

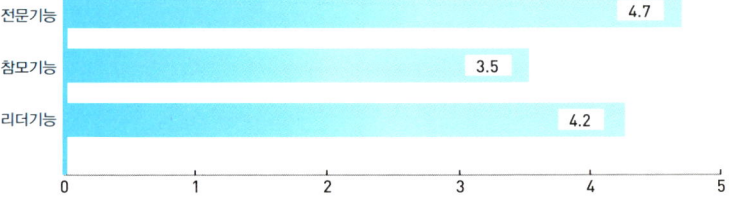

성찬 씨의 출생정보로 분석된 업무기능 분포

성찬 씨의 직업유형은 직장형의 점수가 낮아 직장생활에는 매우
부적합하다. 반면에 사업형의 점수는 높게 나타났고 전문기능이 우
수해 자신의 창의력을 발휘하여 직접 경영하는 직업이 적합한 것으
로 분석되었다.

성찬 씨의 출생정보로 분석된 위험감수수준

위 그래프에서 보듯 성찬 씨는 위험감수수준이 높아 활동적이고 모험적인 업무에 매우 적합하다.

검사결과에 나온 것처럼 그는 조직에 적응하기 어려운 사업가형의 직업유형이었으며, 개인의 창의성을 활용해야 하는 높은 전문성과 공개 경쟁을 감수하는 위험감수수준이 높은 업무수행기능을 타고났다.

그에게 타고난 직업체질로 보아 직장보다는 사업 쪽이 더 성공 가능성과 직업 만족도가 높다는 설명을 해줬다. 설명을 들은 그는 직장을 그만두고 6개월 뒤 서울 강서구에 배달전문 야식집을 시작했다. 야식집을 운영하며 자기의 창의성을 발휘하였다. 그는 독특한 메뉴를 개발해 고객들에게 대단한 호평을 들으며 신바람 나게 장사를 하고 있다. 무엇보다 즐거운 것은 스트레스를 받지 않으면서도 수입이 매우 만족스러워 자신의 일에 보람을 느낀다는 것이다. 그의 아쉬움은 오직 좀 더 일찍 자신의 선천적성을 찾을 수 있었다면 얼마나 좋았으랴 하는 것이다.

# 02 의사였다가 타고난 적성을 찾아 변호사가 된 영우 씨

영우 씨는 어려서부터 법조인이 되고 싶었다. 그러나 가족들의 의사가 되어야 한다는 강권에 결국 그 뜻대로 의대에 진학하여 의사가 되었다.

그러나 환자보다는 환자의 보호자들에게 더 시달리는 등 의사라는 직업이 적성에 맞지 않음을 절감했다. 마음고생이 심했던 그는 결국 자신이 하고 싶고 잘할 수 있는 직업을 찾기로 했다. 그 뒤 사

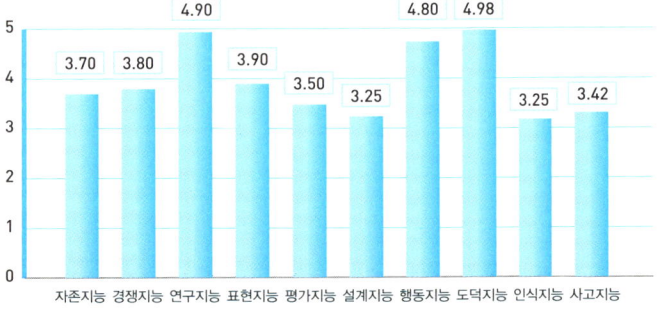

영우 씨의 출생정보로 분석된 선선지능 분포

법고시를 패스해 원하던 변호사가 되었다. 현재 그의 행복지수는 최상이다. 어째서일까? 그의 타고난 선천적성이 의사가 아닌 판사에 매우 적합했기 때문이다.

영우 씨의 선천지능 분포에서 두드러지게 높은 부분은 법조계에 관련된 직업에서 적합한 도덕지능이다. 다음으로 높게 나타난 연구지능, 행동지능, 표현지능은 연구력과 판단력, 설득력이 우수하여 변호사 직업에 적합성이 우수한 지능임을 알 수 있다.

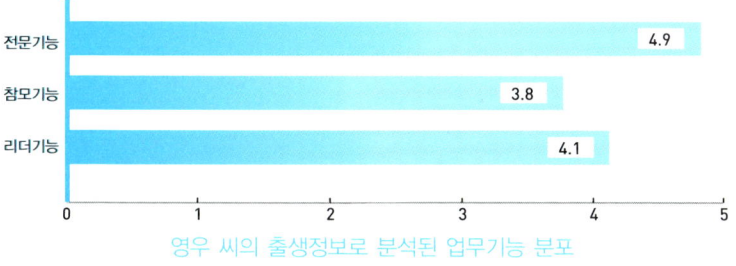

영우 씨의 출생정보로 분석된 직업유형 분포

영우 씨의 출생정보로 분석된 업무기능 분포

영우 씨의 직업유형과 업무기능의 직업체질은 대체적으로 고른 분포를 보여 사회적응력이 매우 좋은 편이다. 그러나 높은 점수순

으론 첫째가 직장형 전문기능으로 검사된다. 즉 직장인으로 전문기능을 활용할 수 있는 직업체질에 적합하나 사업형과 자유형에도 그리 거부감 없이 적응이 가능하다.

영우 씨의 출생정보로 분석된 위험감수수준

위 그래프에서 보듯 영우 씨의 위험감수수준은 낮은 편으로 수술 등 생명을 다루는 업무에는 적합도가 낮음을 알 수 있다. 조직력이 강한 법조계에서의 적응도도 높으나 프리랜서로 활동하는 현재 변호사로서의 활동도 직업 만족도가 높음을 알 수 있다.

놀라운
# 선천지능

교육가 스타일과 사고지능

문학가 스타일의 인식지능

운동가 스타일의 자존지능

모험가 스타일의 경쟁지능

연구가 스타일의 연구지능

발명가 스타일의 표현지능

사업가 스타일의 평가지능

설계가 스타일의 설계지능

정치가 스타일의 행동지능

공직자 스타일의 도덕지능

PART

3

# 직업 스타일과 놀라운 선천지능

아이와 한바탕 설전을 벌인 뒤 엄마가 꼭 하는 말이 있다.

"다 저 잘되라고 하는 소린데, 내 배 아파서 낳은 녀석이 저리도 말을 안 들으니. 쯧쯧……."

그런데 여기서 한번 아이의 입장에서 생각해보자.

밖에 나가서 뛰어놀고 싶어서 안달이 난 아이에게 차분함을 가르친다고 첼로를 배우게 한다든지, 집중해서 퍼즐 맞추기를 좋아하는 아이에게 너무 내성적이라고 태권도를 가르치지는 않았는지. 그러면서 그게 다 자식 잘되라고 한 거라며 스스로의 위안하지는 않았는지 한번쯤 아이의 입장에서 진지하게 생각해볼 일이다.

아이를 사랑하지 않는 부모는 없다. 사랑하기 때문에, 아이가 잘 자라주기를 바라기 때문에 아이에게 많은 것을 해주고 다양한 경험을 하게 한다. 하지만 그 많은 애정공세를 펼치기에 앞서 '엄마, 나 이런 걸 해보고 싶어요.', '난 이걸 꼭 해보고 싶은데.' 라고 말하는 것을 선택할 수 있도록 조금만 기다려줄 수는 없겠는가.

이제 아이를 사랑하는 방법을 바꿔보자. 아이의 타고난 본성을 이해하고 그 본성대로 자랄 수 있도록 날개를 달아주는 역할을 해보자.

성공한 사람들에게는 '즐긴다'는 공통점이 있다. 그들에게는 세상에 못 해낼 일이 도무지 없어 보인다. 게다가 온통 즐겁고 흥미로운 일만 골라서 하는 것처럼 느껴진다. '내 아이가 이렇게만 살 수 있다면……' 이런 상상만으로도 즐겁지 않은가.

김연아 선수는 피겨스케이팅을 했기에 세계적인 선수가 되었다. 그러나 아무도 김연아의 학교 성적을 궁금해하지 않는다. 가수 보아는 가수로 성공하기 위해 어려서부터 가수의 길로 접어들었다. 시간이 없어서 검정고시로 학력을 갖추고 있다. 박태환 선수는 천식 때문에 수영을 했고, 우연히 그의 소질을 계발했다. 기회는 우연히 주어졌지만 그는 훌륭한 재능으로 수영선수로 성공했다.

이들은 자신의 선천지능을 일찍 계발하고 남들보다 피나는 노력을 통해 정상에 선 사람들이다. 이들은 모든 것을 잘하는 사람은 아니었다. 다만 잘하는 것을 일찍 발견하고 노력한 사람들이다.

모든 어머님들이 우리 아이를 잘 키우고 성공시키기 위해 공부시키고 뒷바라지한다지만 과연 무엇이 성공일까?

좋은 대학에 가는 것인가? 인기 있는 직업을 갖게 해주는 것인가? 돈을 많이 버는 것인가? 유명한 사람이 되는 것인가?

만약 그렇게 된다면 부모의 입장에서는 밥을 안 먹어도 배부를 정도의 기쁜 일이다. 자식이 저렇게 잘되면 모두들 자식농사 성공했다고 부러워한다. 그러나 진정으로 성공한 자식농사가 과연 이런 것들일까?

성공이란 우리 아이가 가진 능력 중에 최고의 능력을 찾아주는 것이며, 주변에서 말려도 하는 신나는 일을 평생 하게 해주는 것이다. 이것이 바로 생각하는 성공한 자식농사가 아닐까. 부모들은 자녀를 위해서 모든 걸 다 바치지만 꼭 1%의 결정적인 노력이 빠져있다. 음식에 소금이 빠진 것과 같다. 부모의 정성에서 빠진 1%가 무엇일까? 그건 바로 우리 아이가 평생 신나서 할 수 있는 일! 말려도 하는 일! 그것을 찾아주어야 100% 부모의 정성이 온전한 자식농사로 성공할 수 있는 길이다.

열 개의 선천지능은 각기 다른 성격과 심리작용을 보이며 한 사람, 한 사람을 고유하게 형성하는 중요한 역할을 하고 있다. 지금부터 하나하나 더 깊이 빠져보자.

책 앞의 일러두기에서 밝혔듯이 모든 사례의 인물들 출생사주를 비공개로 하는 것은, 첫째 개인의 신상정보 보호차원이며, 둘째 본질과 다르게 오용될 수 있음이다.

사고지능이 뛰어난 사람은 한마디로 모범생 같다.
모든 일을 순서와 순리대로 진행하는 안정감을 갖추고 있으며,
어떠한 교훈이나 이론적 지침을 여과 없이 수용하여
장기적인 안목을 갖고 수행하는 능력이 우수하다.

1장

# 교육가 스타일의
# 사고지능

# 01 사고지능의 특징

사고지능이 우수한 사람은 매사에 수용적인 태도를 지녔으며, 학습에 대한 이해도와 습득력이 우수하고 생각을 기록하고 정리하는 능력이 뛰어나다. 사고지능은 기록능력, 암기력, 수용적, 학습적, 보수적, 내면성으로 대표되며 사고지능이 우수한 사람은 안정성 추구, 정리정돈, 항상성, 전통성 중시 등의 성향을 지니고 있다.

사고지능을 상징하는 단어는 인지, 상상력, 관념, 의식, 수용적, 쓰기를 통한 기록력, 정리를 통한 안정성 추구, 과정 중시, 보수적, 내향적, 해독능력, 역사성, 수용력, 정직성, 시간성, 아이디어 등이다.

사고지능이 뛰어난 사람은 한마디로 모범생 같다. 모든 일을 순서와 순리대로 진행하는 안정감을 갖추고 있으며, 어떠한 교훈이나 이론적 지침을 여과 없이 수용하여 장기적인 안목을 갖고 수행하는 능력이 우수하다. 사고지능을 갖춘 사람은 상대방의 말을 액면 그대로 받아들인다. 지나간 추억도 중요하게 생각해 집안의 물건도 쉽게 버리지 않고 모으며, 오래된 일기장도 차곡차곡 잘도 모은다. 암기가 중요한 과목이어도 일단 요점정리를 하고 나서 암기에 들어간다. 그래서 항상 계획표와 스케줄을 짜고 공책 정리하는 데에 엄청난 시간을 들인다. 좀 답답한 면도 있지만 순수하다.

이런 사람은 놀러갈 때 꼭 한 명 데려가야 한다. 아침 일찍 일어나 온갖 정리를 다 해놓고 여행 후기도 어쩌면 그렇게 꼼꼼하게 기록해놓는지 정말 기특하다. 정리하다가 하나가 빠지면 그다음 것을 도대체 진행하지 못하는 융통성 없는 성격이 안타깝기까지 하다.

사고지능을 지닌 아이는 세상이 아무리 톡톡 튀어야 한다지만 일단 공부는 선생님 말씀에 귀 기울여야 한다고 생각한다. 사고지능이 발달해야 학교에서 선생님 말씀도 잘 듣고 사랑도 받는다. 사고지능이 뛰어난 아이들은 어른들께 사랑받을 만한 행동을 많이 해 칭찬이 자자하다.

그런데 이 지능이 너무 발달하면 생각만 하느라 도무지 움직일 줄을 모른다. 비만을 조심해야 되는 사람도 있다. 로댕의 생각하는 사람처럼 폼 잡는 것을 좋아하니 가만히 앉아서 음악 감상하거나 맛있는 음식을 먹거나 독서하는 것을 좋아한다. 그리고 자존심을 건드리면 정말로 무서워진다. 그래서 존경받을 행동만 하려 한다.

결론적으로 사고지능이 강한 사람의 성향은 정리정돈을 잘하며 순서와 절차를 중시하고 명예와 의무를 준수하는 성향을 지닌다.

# 02 우수한 사고지능을 발전시켜 성공한 사람들

### 국무총리 정운찬

**뛰어난 사고지능과 세밀한 설계지능의 성공적인 조합**

충남 공주에서 태어나 서울대학교 상과대학 경제학과를 졸업했다. 미국 마이애미대학에서 경제학 석사, 프린스턴대학에서 경제학 박사학위를 받았다. 컬럼비아대학에서 경영대학원 조교수로 강의와 연구를 하다가 1978년 서울대학교 강단에 섰고 총장에 선출되었다. 현재 대한민국 국무총리이다.

뛰어난 사고지능을 유감없이 발휘해 현재 대한민국 국무총리에 재직 중인 정운찬 총리는 한마디로 수재형의 교육자로서 우리에게 널리 알려진 인물이다.

정운찬 총리는 서울대학교 경제학부장을 거쳐 2002년 서울대학교 총장에 선출돼 4년간의 임기를 마쳤고, 대한민국 국무총리로 임명되었다.

전형적인 사고지능의 소유자답게 절차를 중시하고 명예와 순리

PART 3_ 직업 스타일과 놀라운 선천지능 **115**

대로 업무를 처리하는 걸 원칙으로 삼는 모범적인 시민상에 가까운 인물이다. 업무 스타일의 안정감과 조직의 균형을 최우선으로 생각하는 교육자적 기질이 넘치는 인물이다.

정운찬 총리의 직업적성 트라이앵글을 살펴보면 목표성에서는 도덕지능이 우수하게 나타났으며, 흥미성에서 사고지능이 뛰어난 인물로 나왔다. 활용성에서는 설계지능을 좀 더 계발하면 훌륭한 인물로 대성할 수 있는 성공적인 교육가형 지능을 지닌 인물로 분석된다.

이러한 선천지능을 보유한 인물답게 그는 수많은 지식 정보의 수용과 정리의 결과로 다양한 책을 저술하였다. 교육가 스타일로도 성공한 케이스이며, 도덕지능도 높아 공직자로도 적합한 유형이다. 정운찬 총리가 교육가요 공직자로 활동한 것은 설계지능이 주는 세밀함과 정확한 업무처리가 밑바탕이 되어 주변에 신뢰감을 심어준 결과라 생각된다.

### 사고지능 소유자의 성공적인 직업인으로의 발전 요인

사고지능은 조화를 이루는 다른 지능과의 관계 속에서 발휘되는 영역이 조금 달라진다. 기본적으로 정보의 수용력과 정리능력이 우수하고 명예를 소중하게 여기는 기질에 도덕지능이 첨가되면 공직자로서 인정받는 인물이 된다. 연구지능과 표현지능을 만나면 전형적인 학자로서 활동하게 된다.

### 국무총리 정운찬의 직업체질은 참모형 – 전문기능

국무총리도 참모형이다. 가장 성공한 참모형이 국무총리이며 학자 출신이라는 특성은 자신만의 전문기능을 살려 활동하게 하는 그의 직업체질이 되었다.

## 방송인 손석희

### 대표적 사고지능 소유자 + 노력하는 전문가의 전형

1984년 MBC에 입사했다. 1999년 미국 미네소타 대학에서 저널리즘 석사학위를 받았다. 아나운서와 기자를 겸한 인물이며 이후 뉴스의 앵커로 이름이 알려졌다. 시사 프로그램의 진행을 많이 맡아 대중적인 영향력을 갖춘 방송인으로 꼽히고 있다. 현재 성신여대 교수로 재직 중이다.

우리나라 시사프로에서 대중적인 영향력을 갖춘 몇 안 되는 방송인으로 꼽히는 손석희 교수는 뛰어난 사고지능을 자신의 노력으로 발전시킨 장본인이다. 뚜렷한 주관과 특유의 논리적인 토론 진행으로 뜨거운 논란이 되고 있는 사회문제나 시사 현안에 가장 적합한 진행자로 자신만의 확고한 자리를 구축하고 있다.

손석희 교수의 직업적성 트라이앵글을 살펴보면 목표성에서는 사고지능이 우수하게 나타났으며, 흥미성에서 인식지능이 뛰어난 인물로 나왔다. 활용성에서는 설계지능을 좀 더 보완하면 방송 분야에서 성공적인 인물로 자리매김할 수 있는 인물로 분석된다.

이러한 선천지능을 보유한 인물답게 그는 일반인들에게 논리적이고 곧은 성품의 학자라는 이미지가 뚜렷하다. 그의 성품은 옳고 그름에 대한 분명한 기준과 명예를 소중히 여기는 사고지능이 주도적인 역할을 하고 있다. 흥미 위주의 진행인 오락프로그램보다는 시사적인 프로그램에 더 적합한 이유이다. 또한 순간적인 임기응변과 재치를 겸비하게 하는 인식지능, 그리고 꼼꼼하게 출연진들의 의견을 수합하여 정리해주는 설계지능과의 조화는 손석희 교수만의 개성 강한 아나운서 활동을 보여주는 원동력이 되었다.

## 사고지능 소유자의 성공적인 직업인으로의 발전 요인

사고지능은 교육가 스타일에게서 많이 발견되는 지능이다. 그런데 손석희 교수의 사고지능은 남다른 데가 있다. 한마디로 노력하는 전문가의 과정을 성실하게 밟은 사람이다.

그는 세련된 진행만을 추구하기보다 현대사회에서 요구되는 수많은 지식 정보에 밝았으며, 부단히 학습하고 노력해 방송인으로서뿐만 아니라 교육자로서의 자질도 충분히 살려 교수로서 존경받으며 활동하고 있다.

## 방송인 손석희의 직업체질은 자유형 – 전문기능

손석희 교수는 방송국에서의 조직활동과 프리랜서, 그리고 교수로서의 활동 모두에 복합적인 적응도를 보이는 자유형이며, 자신만의 전문성을 살려 활동한 전문인으로서 업무수행기능을 갖췄다.

인식지능이 뛰어난 사람은 한마디로
자기 세계에 심취한 전문가 같다.
수다스럽진 않지만 어쩌다 한마디씩 하는 말이 톡톡 튄다.
생각이 참 특이하고 같은 얘기를 들어도
혼자만 걸러서 다르게 듣는
자기만의 남다른 세계가 있는 사람이다.

# 2장

## 문학가 스타일의
## 인식지능

# 01 인식지능의 특징

인식지능이 우수한 사람은 추리와 직관력으로 다양한 정보를 인식하는 능력이 뛰어나다. 인식지능은 이해력, 암기력, 직관능력, 순발력, 창조적, 주관적이라는 단어로 대표되며 인식지능이 우수한 사람은 추리력, 영성적, 초현실적 예술성, 현실성 중시 등의 성향을 지니고 있다.

인식지능을 상징하는 단어는 직관적, 순발력, 개인적 과정 중시, 공상력, 추리력, 종교적, 초현실적 예술성, 선별적 수용성, 자율성, 심리성, 예술성 등이다.

인식지능이 뛰어난 사람은 한마디로 자기 세계에 심취한 전문가 같다. 수다스럽진 않지만 어쩌다 한마디씩 하는 말이 톡톡 튄다. 생각이 참 특이하고 같은 얘기를 들어도 혼자만 걸러서 다르게 듣는 자기만의 남다른 세계가 있는 사람이다.

이 유형의 사람은 특이한 생각을 많이 해서 개성적인 글을 잘 쓰는데 남과는 다른 신비롭고 상상력이 풍부한 경이로운 세계를 펼친다. 도가 지나치면 일반인들은 도무지 이해할 수 없는 말과 글이 되기도 하니 조심해야 한다. 이들은 의심쟁이라서 모든 걸 확인해봐야 직성이 풀린다. 이것저것 확인하고 번갯불에 콩 볶아먹듯 생각이 광속으로 움직이다보니 한꺼번에 여러 가지가 머릿속에 그득하다. 기본적으로 머리가 좋은 사람들이어서 자기가 알고 싶고 하고 싶은 분야만큼은 똑 부러지게 잘 알고 있는 전문가다.

인식지능이 너무 발달하면 자기 생각에 빠져 지나치게 주관적이다. 남들은 뭘 하고 사나 가끔은 관심을 가져줘야 정신건강에 좋다. 그러다 종교에 빠지기도 하는데 사이비종교에만 안 빠지면 괜찮다.

이 지능이 발달한 아이는 아주 조심스럽게 대해줘야 한다. 하나를 말하면 두 개를 더 생각한다. 그런데 그 두 개 뒤에 두 개가 또 숨어 있다. 한마디로 인식지능이 강한 사람의 성향은 자신의 기분 위주이며 개인적이고 재치가 뛰어나며 한 가지에 몰두하는 타입의 전문가적 기질이 농후한 사람이다.

결론적으로 인식지능이 강한 사람의 성향은 재치 있고 순간 발상이 뛰어나며 풍부한 공상 및 상상력을 갖추고 있으며 대상과 사건에 대한 추리능력과 가설능력이 우수한 성향을 지닌다.

# 02 우수한 인식지능을 발전시켜 성공한 사람들

## 작가 이외수

**평가지능과 행동지능의 절묘한 조합, 자기만의 신비한 세계 형상화**

1972년 강원일보 신춘문예에 단편소설 〈견습 어린이들〉로 데뷔, 1973년 중편소설 〈훈장〉이 세대지에서 신인문학상을 받으면서 주목받기 시작했다. 소설로는 《꿈꾸는 식물》, 《장수하늘소》, 《들개》 등이 있다.

수채화처럼 투명하고 얼음처럼 청아한 문장으로 서정적 이야기 소설이라는 독특한 문학궤적을 형성해왔던 이외수 작가는 뛰어난 인식지능과 자기만의 세계에 심취한 개성적인 글쓰기로 유명한 소설가이다.

또한 이외수 작가는 우리 시대의 세대 간의 소통의 문제에도 끊임없는 관심을 보여 젊은이들에게 꼭 필요한 감성과 인간미 넘치는 세계에 대한 탐구로 세대를 초월해 다양한 독자층을 형성하고 있는 몇 안 되는 철학적 세계관을 펼치는 작가이기도 하다. 주류 문단에 연연하지 않고 자신만의 세계를 추구하며 세상에서 오직 하나밖에 없는 이외수 문학을 고수하며 세상에 대해 자신만의 뚜렷한 매력을 끊임없이 펼치는 마르지 않는 샘 같은 젊은 감각의 소유자이기도 하다.

이외수 작가의 직업적성 트라이앵글을 살펴보면 목표성에서는 평가지능이 우수하게 나타났으며, 흥미성에서는 행동지능이 뛰어난 인물로 나왔다. 또한 이 작가의 활용성에서는 인식지능이 뒷받침되면 훌륭한 작가로 자리매김할 수 있는 인물로 분석된다.

이외수 작가는 소설가로서 기존의 인식지능이 뛰어난 작가와는 뚜렷한 차별점을 지닌 독특한 스타일의 소설가이다. 인식지능이 뛰어난 작가들은 자기만의 세계에 심취하여 글로 풀어내는 능력이 탁월하다. 그러나 이외수 작가의 글은 재미있는 이야기를 풀어나간 글과는 다르다.

평가지능과 행동지능이 뛰어난 이외수 작가의 선천적성은 그의 글을 읽는 젊은 독자들에게 남다른 매력을 선사한다. 많은 젊은이들이 그의 글에서 매력을 느끼는 이유로 평가지능 소유자답게 분명한 가치관과 행동지능의 신속한 결정력과 분별력이 글 속에 들어있기 때문이다. 뭔가 분명한 메시지를 주는 그의 글은 앞으로도 많은

젊은이들에게 새로운 시대적 사고와 작가다운 특별한 세계를 펼쳐
줄 것이다.

## 인식지능 소유자의 성공적인 직업인으로의 발전 요인

이외수 작가처럼 평가지능과 행동지능이 발달한 소설가가 인식
지능까지 겸비하게 되면 자기만의 신비한 세계나 독특한 인식체계
를 지녀 그야말로 기존의 작가가 구사하지 못하는 새로운 스타일의
세계관을 구사할 수 있게 된다.

이외수 작가는 소설가로 데뷔한 이래 꾸준한 자기만의 노력을
통해 탁월한 평가지능과 행동지능에 개성적인 세계관을 펼칠 수 있
는 인식지능을 계속 연마해 세대와 계층을 초월한 자기만의 구도자
적 작품세계를 구축해놓았다.

## 이외수 작가의 직업체질은 자유형 – 전문기능

이외수 작가는 흔히 전문가들에게서 발견되는 자유형 – 전문기
능의 직업체질을 갖춘 개성적인 인물이다. 이러한 유형은 직장형,
사업형 모두가 가능한 복합적 유형이며 자신만의 전문기능을 살려
활동하는 것을 선호한다.

# 작가 **박경리**

## 선천적으로 뛰어난 인식지능을 지닌 전형적인 작가형 인물

본명은 금이. 1955년 단편 〈계산〉과 1956년 단편 〈흑흑백백〉이 현대
문학에 발표되면서 작가로서의 본격적인 삶을 시작한다. 대하소설 《토
지》가 대표작이며 이 외에도 《김약국의 딸들》, 《불신시대》 등 많은 작
품이 있다. 월탄문학상, 인촌상, 한국여류문학상, 내성문학상 등을 수
상하였다.

《토지》로 유명한 국민작가 박경리 선생은 대표적인 인식지능을
지닌 큰 작가였다. 그는 동시대 여성들의 전통과 현대 사이에서 갈
등하며 고뇌하는 여성상을 특유의 서사적이고 대범한 필치로 그려
내 한국 현대문학의 주요한 성과를 이룬 국민작가이다. 한국 근대
사의 전통규범을 되살려내 '한국의 펄벅'으로 세대를 초월해 한국
인들이 가장 존경하는 대표적인 여성작가이다.

박경리 선생의 직업적성 트라이앵글을 살펴보면 목표성에서 인
식지능이 뛰어난 인물로 나타났으며, 흥미성에서는 평가지능이 우
수한 인물로 분석되었다. 여기에 활용성으로 나타난 사고지능을 평
소에 끊임없이 갈고닦은 결과 한국이 낳은 국민작가로 대성할 수

있었다.

박경리 선생은 선천적성에서 워낙 인식지능이 뛰어난 인물로 문학가 체질을 타고난 인물이었다. 또한 특유의 평가지능을 겸비해 역사를 재평가하는 능력이 남보다 탁월했다. 여기에 더하여 평소에 체계와 순서를 지키고, 긴 시간에도 인내와 의무적 성향을 갖추게 해주는 사고지능을 연마했다. 그래서 《토지》와 같은 한국 근현대사를 관통하는 유장한 대하서사소설을 완성시킬 수 있었다.

## 인식지능 소유자의 성공적인 직업인으로의 발전 요인

자신만의 문학세계가 분명한 인식지능이 우수한 사람은 다른 지능과의 조화에 따라 다양하게 그 기질이 발현된다. 박경리 선생의 인식지능은 같은 시대를 살았어도 역사적 의미를 달리하는 그만의 독특한 세계를 펼쳐, 개성적이면서도 큰 문학을 완성시킬 수 있었다.

이처럼 인식지능 소유자가 자신의 독창적인 세계를 보다 넓게 펼쳐나가기 위해서는 다르게 보는 시각과 함께 다른 지능요소를 더욱 발전시켜야 한다. 그래야 자칫 주관적으로 빠질 수도 있는 세계관에 객관적인 요소를 가미하여 모든 사람들이 공감할 수 있는 세계관을 형성할 필요가 있다.

## 박경리 선생의 직업체질은 자유형 – 전문기능

박경리 선생은 천생 자유형 인간이다. 자유형 인간은 조직활동과 개별활동이 복합적으로 섞여 있거나 뚜렷하게 경계를 긋지 않는다. 따라서 자유형-전문기능을 소유한 사람들은 조직활동을 하더라도 다소 자유로운 활동이 좋으며, 대통령 자문기관이나 대학교 같은 전문기관에서의 활동이 직업체질에 매우 적합하다. 자신만의 전문성을 살린 활동과도 잘 조화를 이룬다.

자존지능이 뛰어난 사람은 혼자 놀기의 명수다.
그런데도 항상 사람들 속에 섞여 있다.
'대중 속에서의 고독'이 자기라고 생각하는 사람이다.
함께 협동하고 경쟁하며
공동체의 의미를 소중하게 여기는 사람이다.

3장

# 운동가 스타일의
# 자존지능

# 01 자존지능의 특징

자존지능이 우수한 사람은 공익을 앞세운 활동을 중시하며 신체적 기술을 촉발하는 지능이 뛰어나다. 자존지능은 독창적, 협동적, 주관적, 열정적, 직선적, 실험적으로 대표되며, 자존지능이 우수한 사람은 집중력, 자기 결정 중시, 현실성, 결과 지향 등의 성향을 지니고 있다. 자존지능이 강한 사람은 주관적인 성향이 강하지만 동료들과 함께 성공해야 한다는 공동 의식과 협동심도 겸비하고 있다.

자존지능을 상징하는 단어는 독창적, 주관적, 반항적, 열정적, 자기 결정 중시, 현재에 초점, 직선적 등이다.

자존지능이 뛰어난 사람은 혼자 놀기의 명수다. 그런데도 항상 사람들 속에 섞여 있다. '대중 속에서의 고독'이 자기라고 생각하는 사람이다. 함께 협동하고 경쟁하며 공동체의 의미를 소중하게 여기는 사람이다. 또한 자존심이 강하고 질투심도 많은 귀여운 욕심쟁이다. 칭찬과 용기를 주면 매우 적극적이고 긍정적으로 임하는 성향이다.

자존지능이 우수한 아이는 신체적인 움직임이 남다르다. 힘이 넘치고 운동도 잘한다. 그래서 남들이 3박4일 걸려 스포츠 동작을 배우는 걸 이해하지 못한다. 멋지게 움직이는 것도 잘한다. 자존지능이 발달하면 행위예술에 소질이 있어 모델로 자기 몸을 남들 앞에 멋지게 자랑한다. 또 무엇을 하던지 자기 몸을 쓴다. 화나면 주먹부터 나가고, 먹고 싶은 게 있으면 손을 쓰고, 공부할 게 있으면 머리를 쓴다. 한마디로 스스로 해결하는 걸 즐겨하는 독립심 강한 아이다.

'나' 라는 자기 의식이 너무 강해 자기만 믿고 산다. 자기 생각을 주장하다 상대가 공감하지 않으면 큰 소리로 윽박지르는 등 그만큼 적극적이고 박력이 넘친다. 자존지능이 우수한 아이는 샘쟁이다. 자신과 경쟁관계에 있는 아이가 자기보다 공부를 잘하면 누가 시키지 않아도 상대 아이보다 좋은 성적을 받으려고 노력한다. 운동도 그렇고 예능도 마찬가지다. 그래서 잘하는 사람이 옆에서 샘 나게 만들면 공부도 1등, 운동도 1등을 한다.

결론적으로 자존지능이 강한 사람은 자기 내부의 집중력이 강하고 이해를 잘하고 긍정하는 사안에는 적극적이며 깊이 심취하는 성향을 지닌다.

# 02 우수한 자존지능을 발전시켜 성공한 사람들

## 축구선수 박지성

**탁월한 자존지능과 후천적 평가지능을 겸비해 생각하는 축구를 구사**

대한민국을 대표하는 지능형 멀티 플레이어. 현재 맨체스터 유나이티드 FC 소속이며 대한민국 축구 국가대표팀의 주장을 맡고 있다. 좌, 우, 중앙 어느 위치에서나 뛸 수 있는 공격형 미드필더이며, 수비 가담 능력이 매우 뛰어나다.

'산소탱크'라는 닉네임처럼 그라운드에서 끊임없이 뛰어다니며 팀의 승리를 향해 질주하는 대한민국 축구대표팀 주장이자 명문 맨체스터 유나이티드의 미드필더로 활약하고 있는 박지성 선수.

그는 어렸을 때부터 둥근 것만 보면 무조건 굴리고 보는 자존기능이 뛰어난 아이였다. 하지만 무엇보다도 오늘의 그를 있게 한 건 머리를 쓸 줄 아는 지능적인 플레이와 '연습벌레'라는 별명답게 평소에 늘 노력하는 자세이다. 바로 그것이 한국 최고의 멀티플레이어 박지성을 낳은 요인이었다.

목표성
인식지능

활용성
평가지능

흥미성
자존지능

박지성 선수의 직업적성 트라이앵글을 살펴보면 목표성에서는 인식지능이 뛰어나게 나타났으며, 흥미성에서는 운동선수의 필수조건인 자존지능이 우수한 것으로 나타났다. 박지성 선수는 무엇보다도 활용성에서 평가지능을 꾸준히 연마하면 대성할 인물로 분석된다.

박지성 선수의 선천적성은 운동선수의 필수조건인 자존지능과 평가지능이 조화를 이룬 구조이다. 박지성 선수는 특히 공간에서 누구에게 공을 주어야 하고, 어느 공간으로 침투해야 할지를 끊임없이 연습하여 생각하는 축구를 구사하는 지능 플레이어로도 성공적인 축구를 했다. '산소탱크'라는 별명은 자존지능이 주는 강력한 체력이 그 이유가 된다. 이처럼 박지성 선수는 타고난 자존지능과 인식지능에 꾸준히 평가지능을 길러 놀라운 체력과 생각하는 축구를 펼쳐 대한민국과 세계가 인정하는 훌륭한 축구선수가 되었다.

## 자존지능 소유자의 성공적인 직업인으로의 발전 요인

박지성 선수의 선천지능인 자존지능은 육체적 배터리 역할을 하는 지능이다. 정신적 배터리가 사고지능과 인식지능이라면 자존지능은 강력한 육체적 활동의 배터리로서 엄청난 체력을 지닌 사람이라는 것을 의미한다. 자존지능이 발달한 사람은 일찍부터 운동을 좋아하거나 움직임이 매우 민첩해 운동선수나 무용가, 행위예술가 등 몸으로 표현하는 직업에 적합한 인물이다.

### 박지성 선수의 직업체질은 사업형 – 전문기능

박지성 선수는 사업형의 마인드로 득실을 순식간에 판단하는 능력이 있었기에 자신만의 전문기능을 살려 세계로 뻗어나갈 수 있었다. 사업형은 자신의 활동에 대한 보상이 확실한 경우 더욱 능력 발휘가 잘되는 유형이다.

## 사물놀이 김덕수
### 타고난 표현지능과 표현지능의 완벽한 결합

1952년 대전 출생, 1970년 서울국악예술고를 졸업했다. 한국 전통음악 연주가. '김덕수 사물놀이패'를 창단하여 사물놀이의 대중화에 힘썼다. 사물놀이패와 함께 여러 차례 일본, 미국 등 해외 순회공연을 하며 사물놀이를 세계에 알려 국위선양을 하였다.

뭔가에 몰입하는 것만큼 행복한 순간은 없다. 나라는 존재도 모두 다 잊고 완전한 정신적 심취에 빠진다는 것은 생각만 해도 부러울 따름이다. 두드리고 흔들어 성공한 사물놀이 김덕수는 '김덕수 사물놀이패'를 창단해 국내외에서 가장 성공적인 전통예술인으로 자리매김했다. 김덕수 씨는 타고난 자존지능을 활용해 폭발적인 사

물연주에 몰입하는 천성적인 예인(藝人)의 끼를 마음껏 발휘하여 한
국에서 가장 대중적인 전통예술인이 되었다.

목표성      활용성      흥미성
자존지능    평가지능    표현지능

김덕수 씨의 직업적성 트라이앵글을 분석해보면 목표성에서는
자존지능이 우수하게 나타났으며, 흥미성에서 표현지능이 뛰어나
다. 활용성에서는 평가지능을 지속적으로 보완하면 대기만성 인물
로 분석된다. 이러한 선천지능을 보유한 인물답게 그는 신체적 활
동을 이용한 활화산 같은 무대 매너를 선보이며 빠른 시간에 대중
들에게 사랑받는 사물놀이 예능인이 되었다.

김덕수 씨는 선천적으로 자존지능을 타고 났다. 자존지능이 우
수한 사람은 공익적이면서도 신체적 활동이 매우 강력하다. 폭발적
인 에너지를 어디엔가 쏟아야 한다. 욱하는 성격으로 법이나 타협
보다는 주먹이 먼저 나오기 쉬운 다혈질적인 인간형이다. 하지만
그는 자신의 천성을 사물놀이를 통하여 열정적으로 활용했다.

또한 몸에 밴 표현지능을 예술적 감각으로 활용하여 사물놀이를
독창적인 표현예술의 한 분야로 세계에 알리는 역할을 담당했다.
그는 자신의 놀이패를 세계적인 조직으로 만들기 위해 평소에 평가
지능을 갈고 또 갈았다. 그 결과 여럿이 공연해야 하는 사물놀이패
의 단장에 걸맞는 지도력을 발휘했으며, 해외 공연 섭외 등에서 신

속한 가치판단을 통해 한국을 빛내는 사물놀이패로 성공하는 데 주도적인 역할을 하였다.

## 자존지능 소유자의 성공적인 직업인으로의 발전 요인

자존지능은 그야말로 강력한 에너지 자체이다. 폭발적인 에너지이다. 어떤 일을 하던 자기 몸을 움직여서 하는 일에 적합한 사람이다. 자신의 현 상황에 모든 것을 쏟아붓는 사람이지만 한편으로는 내면으로 집중하는 면도 강하여 언어지능이 중요한 서비스 업무에서는 차별화된 활동이 필요하다. 그러나 많은 사람들과 함께 있을 때 더욱 돋보이는 사람이다. 김덕수 씨는 이런 열정적 에너지를 쏟아낼 수 있는 창구이자, 멋진 직업으로 사물놀이를 선택했다.

## 김덕수 씨의 직업체질은 사업형 – 전문기능

김덕수 씨처럼 사업형 – 전문기능을 소유한 사람은 절대로 다른 사람의 명령이나 조직활동은 할 수 없다. 이보다는 자율적으로 자신의 일을 해야 하는 직업유형으로 스스로 조직을 구성하고 이끌어나가는 것이 적합하다. 선호하는 업무로 자신만의 전문기능을 살려 활동하기를 좋아하므로 사물놀이라는 전문기능을 중심으로 사업가적인 마인드를 첨가한 그의 활동은 세계적인 성공을 거둘 수 있었다.

경쟁지능의 특징은 자존지능과 비슷하다.
경쟁지능이 뛰어난 사람은 멋지게 경쟁할 줄 알면서
동시에 누구에게 지는 것을 죽기보다 싫어하는 스타일이다.
의외로 결과에 깨끗이 승복하는 담백한 면도 있다.
바라보고 있기에 아슬아슬하고 조마조마한 면도 있지만
이런 모습이 경쟁지능의 소유자를 오히려 더 멋지게 보이게 한다.

4장

# 모험가 스타일의
경쟁지능

# 01 경쟁지능의 특징

경쟁지능이 우수한 사람은 경쟁과 모험을 두려워하지 않는다. 경쟁지능은 독창적인 자기 기술을 개발하는 실험적인 경향이 강한 지능으로 주관적, 직선적, 의지적, 자기 결정 중시, 몰입능력으로 대표되며 경쟁지능이 우수한 사람은 경쟁능력, 체험과 경험, 결론 지향 등의 성향을 지니고 있다.

경쟁지능을 상징하는 단어는 주관적, 직선적, 비약적, 체험과 경험, 모험적, 현재에 초점, 의지적, 자기 결정 중시 등이다.

경쟁지능의 특징은 자존지능과 비슷하다. 경쟁지능이 뛰어난 사람은 멋지게 경쟁할 줄 알면서 동시에 누구에게 지는 것을 죽기보다 싫어하는 스타일이다. 의외로 결과에 깨끗이 승복하는 담백한 면도 있다. 바라보고 있기에 아슬아슬하고 조마조마한 면도 있지만, 이런 모습이 경쟁지능의 소유자를 오히려 더 멋지게 보이게 한다.

경쟁지능은 승부를 정정당당하게 겨루어 가리는 운동을 잘하고 매사 위험을 감수하는 성향이 강하여 모험을 즐기는 스타일이다.

138   놀라운 선천지능

때론 저돌적인 자세로 수단과 방법을 가리지 않고 업무를 실행하는 보이며 모습을 자신이 직접 체험해야 직성이 풀리는 직설적인 성격의 소유자이다.

자존지능과 경쟁지능이 발달한 사람은 독자적인 행동과 협조가 동시에 존재하여 사람들과 잘 지내면서도 독자적인 행동을 해도 전혀 어색하지 않다.

경쟁지능이 발달한 사람은 행위예술에 능하고 수완이 남다르다. 경쟁지능이 우수한 사람들은 공통적으로 치열한 본성을 지니고 있어 목에 칼이 들어와도 굽히지 않는다. 한마디로 벤처기업가와 같다. 주변에서 아무리 욕을 해도 자기 갈 길을 간다. 그래서 멋진 리더가 되기 위한 노력이 필요하다.

모든 일에 능수능란하고 자신만만한 경쟁지능의 소유자가 이상하게도 다소곳할 때가 있다. 그때는 자신이 뭔가 아쉽거나 부탁할 때이다. 그때 빼고는 항상 번쩍번쩍 카리스마가 충만하다.

결론적으로 경쟁지능이 강한 사람의 성향은 독립심이 강하고 투철한 경쟁력을 지니며, 자존심, 질투심, 적극성의 소유자로 실천적이며 책임을 감수하는 독자적 학습과 업무에 능력을 발휘하는 성향을 지닌다.

# 02 우수한 경쟁지능을 발전시켜 성공한 사람들

### 기업가 출신 대통령 이명박

**선천적 경쟁지능과 후천적 행동지능이 결합돼 강력한 추진력 발휘**

대한민국의 제17대 대통령. 현대건설 회장을 지낸 기업인 출신으로 제14, 15대 국회의원과 제32대 서울특별시장을 지냈으며, 2007년 12월 19일 대한민국 대통령 선거에 당선되었다.

현대건설 사원으로 시작해 현대건설의 회장, 서울시장에 이어 마침내 대한민국 대통령에 오르기까지, 오로지 경쟁과 모험을 두려워하지 않는 저돌적인 성향의 인물. 전형적인 경쟁지능의 소유자인 이명박 대통령.

그는 경쟁지능의 소유자답게 자신을 믿고 치열한 내부 검증을 통한 자신감으로 강력한 추진력과 위험을 정면 돌파하면서 자기 앞에 놓인 온갖 장애를 극복해 대한민국 최고 권력자의 자리에까지 오른 인물이다.

　이명박 대통령의 직업적성 트라이앵글을 살펴보면 목표성에서 연구지능이 높게 나타났으며, 흥미성에서 경쟁지능이 뛰어난 인물로 나왔다. 또한 활용성에서 행동지능을 좀 더 보완하면 자신의 위치를 확고히 할 수 있는 사람으로 성공할 수 있는 인물로 분석된다.

　이명박 대통령은 무엇보다도 선천적으로 경쟁지능이 뛰어나 자신의 문제와 자신이 속한 기업과 나라의 문제를 그때그때 풀어나가는 임기응변이 뛰어났다. 무엇이든지 철저한 내부 검열을 통해 사안을 판단하는 능력은 그의 우수한 연구지능에서 비롯되었다. 이명박 대통령은 선천적인 경쟁지능을 유감없이 발휘해 강력한 추진력과 성취욕구를 발전해나갔으며, 신속한 판단력을 동반한 뛰어난 결단력의 행동지능을 발전시켜 오늘날 경제인 이명박에서 대통력 이명박으로 거듭났다.

### 경쟁지능 소유자의 성공적인 직업인으로의 발전 요인

　모험을 즐기고 목적이 정해지면 수단과 방법을 가리지 않는 경쟁지능은 자존지능과 유사하지만 좀 더 경쟁력이 강한 엄청난 에너지 자체이다. '질투는 나의 힘'이 되어 지고는 못사는 게 경쟁지능이다. 반드시 이겨야 한다.

### 이명박 대통령의 직업체질은 직장형 – 리더기능

이명박 대통령의 직업체질은 조직체 내에서의 활동에 잘 적응하는 직장형이면서 리더기능이 우수하다. 기업체이든 국가기관이든 조직활동에 적합한 직업유형이며 자신의 조직의 방향이나 중요한 사안을 결정하고 이끄는 리더로서의 역할을 선호한다.

## 국민가수 **조용필**

### 선천적 경쟁지능, 후천적 설계지능이 보완돼 늘 연구하는 가수

싱어송라이터. 1976년 발표한 〈돌아와요 부산항에〉가 공전의 히트를 기록했다. 첫 앨범 《창밖의 여자》는 100만 장 이상 팔렸고, 1994년에는 대한민국 최초로 음반이 1,000만 장 판매되었다. 그는 항상 진보하는 모습을 보였다. 모든 장르를 아우르는 보컬과 편곡능력이 국민가수로 손색이 없다.

조용필 씨 음악은 시간이 흐르면서 항상 진보하는 모습을 보였다. 민요, 록(rock), 성인가요 등등 모든 장르를 아우르는 탁월한 보컬 실력과 편곡 능력이 대한민국 최고의 국민가수로 손색이 없다.

국민가수로 불리는 조용필 씨의 성공 전설은 타고난 천성을 어떻게 노력해서 꽃피워야 하는지에 대한 모범 답안을 보여주고 있다. 조용필 씨는 선천적으로 남에게 지기 싫어하는 경쟁지능을 타고난 가수로 온몸을 움직여 활동하는 자존지능에 직접 작사, 작곡에 능한 설계지능까지 갖춰 전 국민의 사랑을 받는, 명실상부한 한 시대를 풍미하는 최고의 가수로 자리매김하였다.

가수 조용필 씨의 직업적성 트라이앵글을 살펴보면 목표성에서 자존지능이 우수하게 나타났고, 흥미성에서 경쟁지능이 뛰어난 인물로 나왔다. 여기에 활용성에서 설계지능을 겸비하면 한 시대를 대표할 만한 최고 가수의 자리에 오를 수 있는 인물로 분석된다.

이러한 선천지능을 두루 겸비한 조용필 씨이었기에 누구보다도 대성할 자질을 갖추고 있었다. 여기에 또 하나의 천성이 가미되는데 바로 하루도 거르지 않고 노력에 또 노력을 하는 지독한 성실파라는 것이다.

어떤 사람이 조용필 씨에게 "어쩌면 그렇게 노래를 잘하느냐?"고 묻자, "나는 남들보다 백 배 더 노력하였다. 노래를 잘하기 위해 문을 잠그고 밤을 새우며 가창 연습을 했다."고 대답했다. 선천적으로 경쟁지능을 타고나 남에게 지기 싫어하는 경쟁심이 오늘의 가수 조용필 씨를 만들었다.

조용필 씨의 타고난 선천지능인 경쟁지능과 자존지능은 자신의 몸을 직접 움직여 활동하는 다양한 능력을 지니게 했으며, 독자적 기술과 몰입능력이 딕월해 누구도 넘보지 못하는 뛰어난 가창력의 소유자로 만들었다. 또한 꾸준한 노력으로 설계지능까지 겸비하면서 그룹사운드 활동처럼 많은 사람들과 어울려 활동하면서도 모나지 않고 리더의 역할을 충분히 해낼 수 있었다.

### 경쟁지능 소유자의 성공적인 직업인으로의 발전 요인

경쟁지능이 설계지능을 만나 이루어진 구조이므로 그는 가수로서의 활동만이 아니라 설계가 스타일, 즉 작곡가로서의 활동이 겸비되어 보다 생명력이 긴 가수활동이 가능했다. 폭발적인 에너지인 경쟁지능이 설계지능을 통하여 보다 바람직하게 활용되었다.

### 가수 조용필 씨의 직업체질은 자유형 – 전문기능

조용필 씨는 조직활동이 필요한 그룹활동과 개별활동 모두가 가능한 자유형이며 자신만의 전문기능을 살려 활동하는 자유형–전문기능의 직업체질이다.

연구지능이 발달한 사람은
사람들과 친하게 지내는 법을 잘 안다.
조금만 이야기를 나누어도 한 10년 사귄 사람처럼 된다.
처음 본 사람과도 그 자리에서 판을 벌이고 친구가 된다.
그래서인지 뭘 해도 그 일과도 금방 친해진다.
그리고 사람이든 일이든 오래오래 간다.

# 5장

## 연구가 스타일의
## 연구지능

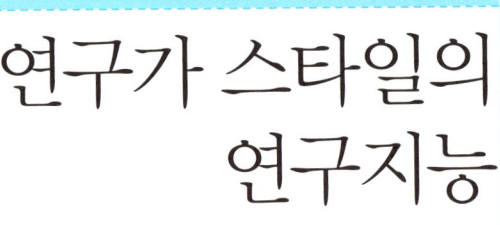

# 01 연구지능의 특징

연구지능이 우수한 사람은 대인관계 능력이 우수하고 자신이 개발한 전문기술을 잘 활용할 줄 안다. 연구지능은 이타적, 감성적, 이해력, 유동적, 협조적, 기술력으로 대표되며, 연구지능이 우수한 사람은 전문성, 이행 능력, 미래 지향 등의 성향을 지니고 있다. 연구지능을 상징하는 단어는 사교적, 융통성, 이해력, 노하우, 기술력, 이행 능력, 협조적, 감성적 등이다.

연구지능을 타고난 사람은 어딜 가든 먹을 일도 많고 먹을 것도 많다. 사는 게 풍요롭다. 그래서 몸도 풍요롭다. 내일 지구가 멸망해도 한 그루 사과나무를 심는 사람이 이 사람이다.

연구지능이 발달한 사람은 사람들과 친하게 지내는 법을 잘 안다. 조금만 이야기를 나누어도 한 10년 사귄 사람처럼 된다. 처음 본 사람과도 그 자리에서 판을 벌이고 친구가 된다. 그래서인지 무엇을 하든지 그 일과도 금방 친해진다. 그리고 사람이든 일이든 오래오래 간다.

뭐든 오래하면 전문가가 된다. 연구지능이 우수한 사람은 한 분야에서 오래도록 일하는 스타일이기 때문에 그 분야의 연구가나 전문가가 많다. 이들은 전문적인 노하우도 많고 누구보다 그 분야의 전문지식이 뛰어나다.

연구지능이 발달한 사람은 하고 싶은 일도 많고 먹고 싶은 것도 많다. 뭐든 자연스럽다. 성격도 원만하고 둥글둥글하며 말도 잘한다. 그래서 무슨 일을 시작하면 얼마 안 있어 뛰어난 수완을 발휘해 주변 사람들을 모두 친구로 만들어버린다. 어려서부터 능수능란한 말솜씨를 익혀 남들을 설득하는 데도 일가견이 있다. 사람들과 자신 있게 말하며 당당하게 자신을 보여주는 데 능하다. 나중 일은 별로 생각을 하지 않아 가끔은 허무한 기분을 많이 느끼기도 한다.

항상 뭔가를 해야 직성이 풀리는 성미여서 물건이든 음식이든 돈이든 만들어내는 데에는 특별한 재주가 있다. 그러다보니 남들에게 베풀기도 잘 한다. 봉사활동에 선두로 나서는 사람들 중에는 유난히 연구지능이 발달한 사람이 많다.

결론적으로 연구지능이 강한 사람은 타인에 대한 배려와 주어진 과제 해결을 위해 노력하는 연구능력, 그리고 창의적인 사고와 생산능력을 추구하는 성향을 지닌다.

# 02 우수한 연구지능을 발전시켜 성공한 사람들

## 새박사 윤무부

**탁월한 연구지능의 발휘로 새박사라는 대중적 친화력 획득**

조류학자. 경희대학교에서 생물학 석사학위, 한국교원대학교에서 박사 학위를 취득했다. 1979년부터 경희대학교에서 생물학 교수로 재직했으며, 2006년 8월 31일 정년퇴임했다. 저서로 《한국의 새》, 《한국의 천연 기념물》, 《새박사, 새를 잡다》 등이 있다.

대한민국 조류학계를 대표하는 윤무부 교수는 선천적으로 연구 지능을 타고나 어려서부터 자연 속의 생물에 각별한 관심과 애정을 보였다. 그는 스스로 새를 쫓아 한평생을 집념과 몰입으로 연구자의 길을 걸어, 이 분야의 탁월한 성취를 이루었다. 무엇보다도 우수한 연구지능의 소유자답게 한 분야에서 집중적으로 연구를 하고, 주변 사람들과도 금방 친해져 연구자와 교수 분야에서 두루 존경받는 몇 안 되는 대중적 친화력을 갖춘 조류학자로 성장할 수 있었다.

윤무부 교수의 직업적성 트라이앵글을 살펴보면 목표성에서 인식지능이 높게 나타났으며, 흥미성에서 연구지능이 뛰어난 인물로 나왔다. 또한 활용성에서 설계지능을 겸비하면 연구활동과 교수활동을 적절히 조화시켜 조류학계를 대표할 만한 학자로 성장할 수 있는 인물로 분석된다.

윤무부 교수는 선천적으로 자유로운 인식지능과 한 분야에 몰두하는 연구지능이 뛰어난 인물이었다. 이는 지식 정보의 수용과 활용이 자유로워야 하는 학자들에게 안성맞춤인 지능 구조다.

무엇보다도 남과 다른 윤무부 교수만의 특별한 선천지능은 바로 한 가지에 오랜 시간 흥미롭게 몰두할 수 있게 만드는 연구지능이었다. 이처럼 특별히 연구지능이 뛰어났던 윤무부 교수는 다양한 분야에 대한 호기심이 아니라 '새'라는 한 가지 생물에 그토록 오랜 세월 연구할 수 있는 자질을 타고났던 것이다. 추우나 더우나 환경이 어떠하든 열심히 한평생 연구한 그의 열정은 학자로서의 탐구열이라기보다는 순수한 호기심에 기초한 소년과 같은 맑은 마음이 아닌가 한다.

## 연구지능 소유자의 성공적인 직업인으로서 발전 요인

연구지능은 한 가지에 심취하게 만드는 놀라운 선천지능이다.

여기에 설계지능이 더해지면 이과적인 성향이 더욱 강하게 발현된다. 윤무부 교수는 선천적인 연구지능과 노력을 통한 설계지능의 연마로 인해 조류학계라는 특정학계에 동료학자나 후배들로부터 존경받는 인물로 성장할 수 있었다.

### 윤무부 교수의 직업체질은 자유형 – 전문기능

윤무부 교수는 외적으로는 대학교수이지만 평생을 '새'를 따라 활동한 점은 복합적 활동이 가능한 자유형의 직업유형이며, 자신만의 전문기능을 살려 활동한 자유형–전문기능의 직업체질이다.

## 우주인 이소연

### 사고지능과 연구지능의 절묘한 조화로 한국 최초 우주인

2008년 4월, 대한민국 최초로 우주비행 참가자(Space Flight Participant)로서 국제 우주정거장에서 11일간 체류했다. 전 세계적으로는 475번째, 여성으로서는 49번째이며, 역대 3번째로 나이가 적은 여성이다. 아울러, 2명의 아시아계 미국인을 포함하여 4번째 아시아 여성이기도 하다.

대한민국 최초의 우주비행 참가자로 우주정거장에 체류를 한 우주비행사에 남을 여성 우주인 이소연 씨.

이소연 씨는 선천적으로 연구지능과 평가지능이 뛰어난 천상 연구가의 체질을 타고난 카이스트 연구원이었다. 어렸을 때부터 사물에 대한 남다른 호기심과 한 분야에 무서울 정도로 몰입하는 성향을 지녔다. 이소연 씨의 연구하는 자세와 미지의 세계에 대한 호기심이 조화를 이뤄 대한민국 최초 우주비행사 모집에 응모하게 됐다. 이후 1,000대 1의 경쟁을 뚫고 역사적인 우주비행에 성공한 우리나라 최초의 여성 연구원이 되었다.

우주인 이소연 씨의 직업적성 트라이앵글을 살펴보면 목표성에서 연구지능이 높게 나타났으며, 흥미성에서 평가지능이 뛰어난 인물로 나왔다. 또한 활용성에서 사고지능을 좀 더 보완하면 훌륭한 연구자로 대성할 수 있는 인물로 분석된다.

이소연 씨의 선천지능은 연구지능과 사고지능이 절묘한 조화를 이루고 있었다. 이런 스타일의 선천지능 소유자는 대표적인 학자스타일의 지능 구조이다.

연구지능과 사고지능이 잘 발달된 사람들은 에너지의 유입과 유출이 자유로운 구조이다. 외부로부터 지식 정보를 수용하는 능력이 뛰어난 사고지능은 지식 정보에 대한 활용성과 창의성을 주도하는 연구지능과 조화를 이루면 연구자로서 더할 나위 없는 환상의 궁합이다. 여기에 이소연 씨가 선천적으로 타고난 평가지능은 새로운 영역에 대한 도전을 부여하는 지능으로 활용되어 이과적 성향이 강

한 인물로 성장하게 하였다. 우주비행은 새로운 영역에도 도전하고
자 하는 놀라운 선천지능으로 활용되었다.

### 연구지능 소유자의 성공적인 직업인으로의 발전 요인

연구원은 지식과 정보를 학습하는 수용력만으로 해결되지 않는
다. 그보다는 지식 정보의 활용능력이 더욱 중요하다. 연구지능은
스스로 오랜 시간 심취하여 몰두할 수 있는 에너지의 통로이기도
하다.

### 우주인 이소연 씨의 직업체질은 자유형 - 전문기능

이소연 씨의 직업체질은 자유롭게 어떤 조직이든 적응력이 강한
자유형이면서 자신만의 전문기능을 살려 활용하는 전문기능이 우
수하다.

표현지능이 우수한 사람은
한마디로 멋쟁이이자 센스쟁이다.
똑같은 옷을 입어도 누구는 19세기 유물처럼 하고 다니는데
표현지능이 발달한 사람은 사뭇 다른 자신만의 분위기를 내며 멋스럽다.

# 6 장

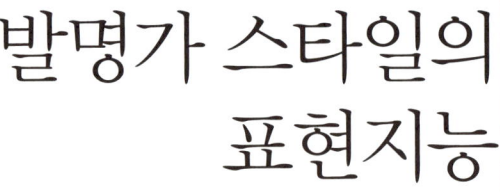

# 발명가 스타일의
# 표현지능

# 01 표현지능의 특징

표현지능이 우수한 사람은 창의력과 모방능력이 뛰어나다. 표현지능은 설득과 비판의 언어표현력이 우수한 지능으로 감각적, 예술성, 직설적으로 대표되며 표현지능이 우수한 사람은 독창적, 응용력 우수, 변화 관점, 미적 중시 등의 성향을 지닌다.

표현지능을 상징하는 단어는 표현력, 미적, 감정적, 묘사적, 직설적, 독창적, 응용력, 변화에 관점, 과정 중시 등이다.

표현지능이 우수한 사람은 한마디로 멋쟁이이자 센스쟁이다. 똑같은 옷을 입어도 누구는 19세기 유물처럼 하고 다니는데 표현지능이 발달한 사람은 사뭇 다른 자신만의 분위기를 내며 멋스럽다. 단지 스카프 하나를 걸쳤을 뿐인데, 단지 목걸이 하나 했을 뿐인데 저렇게 다를 수가 있는지 정말로 신기하다.

표현지능이 발달한 사람은 아는 것도 많다. 호기심 천국이라 여기 저기 다니면서 들은 것도 물어본 것도 많다. 얇고 넓은 지식이 풍부하다. 가끔은 모르는 것도 아는 척하는 것이 문제이기도 하다.

154  놀라운 선천지능

뭘 하나 배우면 어떻게 그리도 잘 써먹는지 응용의 귀재다. 그래서 뭔가 대단한 걸 새로 발명하지는 않아도 '바꿔! 바꿔!' 변화의 주동자이다. 과자를 만들어도 색다른 모양으로, 노래를 불러도 그 움직임이 예사롭지 않다. 조금이라도 달라야 직성이 풀린다.

자유인, 자신을 항상 그렇게 불러달라고 한다. 정해진 걸 무척이나 싫어해서 단체활동을 시키면 하기 싫어서 죽은 척도 한다. 하지만 말 잘하고 톡톡 튀는 그를 미워할 수가 없다. 오늘과 다른 내일, 그는 또 어떤 모습을 하고 나타날지 보는 것만으로도 인생이 지루하지 않기 때문이다.

결론적으로 표현지능이 강한 사람은 사교성, 감각성, 감수성, 외교력, 언어구사, 모방, 발상, 변화에 우수한 소유자로 예술적이고 창의적 성향을 지닌다.

# 02 우수한 표현지능을 발전시켜 성공한 사람들

바이러스 백신 발명가 **안철수**

**뛰어난 표현지능 소유자의 발명 기질 발휘로 얻은 명성**
플로피 디스켓을 통해 컴퓨터에 감염된 최초의 컴퓨터 바이러스인 (C)Brain을 분석하여 백신 소프트웨어를 개발. 이 소프트웨어를 백신이란 이름으로 PC통신망에 올리고 잡지 〈마이크로소프트〉에 기고한 것이 계기가 되어 백신 전문가로 변신했다. '안철수연구소'를 설립하고, 한국을 대표하는 벤처기업가이다.

컴퓨터 바이러스 백신을 개발한 안철수 씨는 우리 시대의 가장 성공한 컴퓨터 벤처기업인 중의 한 사람이다. 안철수 씨는 선천적으로 뛰어난 표현지능의 소유자답게 어떤 사물을 보고 '이러저러하게 만들면 훨씬 좋겠다.'는 생각으로 연구하면서 새로운 것을 개발하는 데 삶의 보람을 느꼈던 인물이다.

이러한 발명가 기질이 십분 발휘된 것이 바로 컴퓨터 바이러스 백신(vaccin) 소프트웨어이다. 그는 이후에도 '안철수연구소'를 설립해 한때 열풍처럼 국내를 휩쓸고 지나갔던 벤처 붐에도 아랑곳하지 않고 오로지 백신 연구에만 전념해 이제는 전 세계적으로 한국을 대표하는 유명 소프트웨어 회사로 큰 성공을 거두었다.

안철수 씨의 직업적성 트라이앵글을 살펴보면 목표성에서 표현지능이 높게 나타났으며, 흥미성에서 사고지능이 뛰어난 인물로 나왔다. 또한 활용성에서 평가지능을 겸비하면 한 분야에서 크게 성공할 수 있는 전문가로 성장할 수 있는 인물로 분석된다.

안철수 씨는 선천적으로 창의력의 대명사인 표현지능이 뛰어나 한 분야에 몰두하며 무엇인가를 발명해나갈 인재로 일찌감치 예견돼 있었다. 여기에 본인의 끊임없는 노력으로 평가지능을 겸비해 이공계열에 강한 면모를 지녔다. 그리하여 대학원 의학계열 연구원에서 방향을 바꿔 컴퓨터 바이러스 백신 개발의 선구자로 이름을 떨치기에 이르렀다.

## 표현지능 소유자의 성공적인 직업인으로의 발전 요인

표현지능은 발명가 스타일이다. 매우 창의적이고 변화를 두려워하지 않으며 오히려 즐기는 성향이다. 안철수 씨의 직업적 변천과정은 이러한 표현지능이 강력하게 작용한 결과이다. 여기에 더하여 사고지능을 더욱 발전시켜 학문적 성과를 높였으며 그러한 강력한 수용력이 시간이 지나면서 점차 사회적 인정을 받을 수 있는 주춧돌 역할을 해주었다.

### 안철수 씨의 직업체질은 사업형 - 전문기능

안철수 씨는 개별적 활동에서 더욱 자율적 발전을 이루며 자신만의 전문적 연구성과나 노하우를 잘 활용하는 유형이다. 그러나 학문적 수용력이 좋아서 단순한 노하우만을 활용하는 것이 아니고 지속적인 학문적 성과와 함께 이를 활용하는 전문기능을 활용하게 된다.

아름다운 카리스마 **김연아**

### 선천적 경쟁지능과 후천적 표현지능이 빚어낸 빙판 위의 예술

세계적인 피겨스케이팅 선수. 대한민국 선수로는 최초로 국제빙상연맹(ISU) 주관의 선수권 대회와 그랑프리 시리즈 및 그랑프리 파이널에서 우승했다. 쇼트프로그램, 프리스케이팅, 총점에서 모두 세계 최고기록을 보유하였고 2010년 밴쿠버 동계올림픽 피겨스케이팅 여자싱글 부문에서 금메달을 수상했다.

김연아 선수가 혜성같이 한국 피겨스케이팅에 나타나기 전에는 한국의 피겨는 그야말로 후진국이었다. 어느 날 갑자기 천재성을 발휘해 세계무대를 휩쓴 김연아 선수 덕에 한국은 하루아침에 피겨 선진국으로 발돋움할 수 있었다.

한국의 국보스타 김연아는 선천적으로 남에게 지기 싫어하는 경쟁지능과 사물에 대한 명석한 판단력이 돋보이는 인식지능을 타고난 선수였다. 여기에 무대예술에 적용하기 위해, 끊임없이 신체동작의 표현력 향상을 위해 부단한 노력을 아끼지 않은 바 세계 여자 피겨스케이팅을 선도하는 최고의 선수로 자리매김했다.

김연아 선수의 직업적성 트라이앵글을 살펴보면 목표성에서 인식지능이 높게 나타났으며, 흥미성에서 경쟁지능이 뛰어난 인물로 나왔다. 또한 활용성에서 표현지능을 좀 더 계발하면 자신의 신체적 장점에 예술성까지 가미해 세계적인 선수로 성공할 수 있는 인물로 분석된다.

피겨스케이팅은 신체기능만 좋다고 되는 것이 아니다. 손가락 하나, 눈빛 하나도 예사롭지 않은 동작이 나와야 한다. 한마디로 표현지능이 뛰어나지 않으면 할 수 없는 것들이다.

김연아 선수는 선천적인 경쟁지능과 인식지능에 끊임없는 노력으로 일군 표현지능이 멋지게 빛을 발한 케이스였다. 특히 〈죽음의 무도〉는 더욱 그랬다. 빙판 위에서 한 마리 백조가 되어 신비로운 모습을 연출한 김연아 선수의 연기는 인식지능의 감정이 유감없이 발휘된 걸작이었다. 신체활동과 경쟁심 모두를 발현시키는 경쟁지능은 김연아 선수가 세계적인 선수가 되는 데에 놀라운 에너지가 되었다.

## 인식지능 소유자의 성공적인 직업인으로의 발전 요인

피겨스케이팅은 기술력, 체력도 중요하지만 환상을 주는 경기이다. 그리고 아름다운 동작과 의상 등의 미적인 요소들이 작품에 영향을 미친다.

표현지능은 독특한 작품이라는 승화작용을 일으켰고 이에 더하여 인식지능과 자존지능은 강력한 자기 몰입과 운동선수로서의 승부기질을 소유하게 했다. 한마디로 김연아 선수는 예술가적 운동선수의 선천지능을 유감없이 발휘한 노력하는 천재였다.

## 김연아 선수의 직업체질은 자유형 – 전문기능

김연아 선수처럼 자유형 – 전문기능의 직업체질은 조직활동과 개별활동 모두가 선택적으로 가능한 자유형이다. 그러므로 조직적인 훈련활동에도 잘 적응하며 개별적 훈련이라 할 수 있는 예술적 활동도 가능하다. 자신만의 노하우와 능력을 활용하는 전문기능이 우수하다.

평가지능이 발달한 사람은 분위기도
잘 띄우고 일하는 것도 1등, 노는 것도 1등이다.
이렇게 바쁘다보니
주변이 언제나 정신없이 어질러져 있지만
무엇이 어디에 있는지 신기하게도 정확히 알고 있다.
또한 평가지능이 발달한 사람은
공간 지각력이 우수하다.

7장

# 사업가 스타일의
# 평가지능

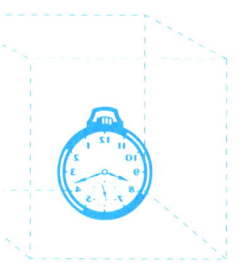

# 01 평가지능의 특징

평가지능이 우수한 사람은 사물의 가치를 평가하는 능력이 뛰어나다. 평가지능은 가치판단력, 유동적, 활동적, 공간지각력으로 대표되며 평가지능이 우수한 사람은 선과 색채 구분, 순간 포착, 자율성, 결과 중시 등의 성향을 지니고 있다.

평가지능을 상징하는 단어는 수리력, 통제력, 가치판단력, 결과에 초점, 유동적, 기회 포착에 능함, 활동적, 평가능력, 방향 감각, 통제력, 계산력, 응용력 등이다.

평가지능을 타고난 사람은 동에 번쩍, 서에 번쩍 안 가는 곳이 없고 모로 가도 서울만 가면 된다고 생각한다. 그래서 뭘 하든 어디로 가든 원하는 것을 잘 얻는다. '열심히 일한 당신 떠나라.'의 주인공이다. 콩 튀듯 팥 튀듯 열심히 일하다가도 목표점에 다다르면 미련 없이 자신을 위한 멋진 휴가를 떠난다.

평가지능이 발달한 사람들은 계산기 같다. 하늘이 무너지게 슬플 때에도 일단은 계산을 해보고 살 궁리를 한다. 웃어도 어떻게 하

162  놀라운 선천지능

면 멋지게 보일지를 속으로 계산한다. 그래서 진짜로 수학도 잘한다. '순간 포착! 세상에 이런 일이!'가 아니고 순간 포착을 정말로 잘하는 게 평가지능이다. 0.0001초 안에라도 쓸 만한 말이 들리면 놓치지 않는다. 그래서 반응도 빠르다. 행동도 빠르다.

평가지능이 발달한 사람은 분위기도 잘 띄우고 일하는 것도 1등, 노는 것도 1등이다. 이렇게 바쁘다보니 주변이 언제나 정신없이 어질러져 있지만 무엇이 어디에 있는지 신기하게도 정확히 알고 있다. 또한 평가지능이 발달한 사람은 공간 지각력이 우수하다. 그래서 평가지능이 발달한 사람은 지도를 바로 놓고 길을 잘 찾아간다.

선천적으로 평가지능이 발달한 아이들은 뭘 해도 꼬치꼬치 다 따진다. '이거하면 뭐가 생기는데? 뭐가 좋은데?' 늘 이런 식이다. 부모들은 이런 아이들에게 세상에는 생기는 게 없어도 가치 있는 일을 할 때도 있어야 한다는 걸 교육시켜야 한다. 눈에 보이지 않는 마음의 선물이 더 소중하다는 걸 평소에 생활 속에서 일깨워줘야 한다.

결론적으로 평가지능이 강한 사람은 에너지의 흐름이 외향적이며, 가치 환산능력이 뛰어나고 유동적 성향을 지닌다.

# 02 우수한 평가지능을 발전시켜 성공한 사람들

### 전 현대그룹 회장 **정주영**

**선천적인 평가 + 설계지능을 발휘해 한국 최고기업을 일군 기업인**

현대그룹의 창업자 겸 명예회장이었으며 대북사업을 추진하였다. 제14
대 대통령 선거에 출마하기도 했으나 낙선하였다. '이봐, 해보기나 했
어?'는 그가 자주 하던 말이었다. 또 그의 어록 '작은 일을 소홀히 하
는 사람은 큰일을 할 수 없다.'에서 평생 검소하게 살다 간 그의 모습
을 엿볼 수 있다.

정주영 전 현대그룹 회장은 불도저형 사업가로 한국을 가난에서
구한 위대한 경영인이다. 한국 현대경제사에서 '현대그룹'의 역할이
막중했던 것만큼 정주영 회장은 현대그룹의 빛과 그림자를 다 짊어
진 인물이다. 평생을 검소하게 살면서도 직원들에게는 항상 도전정
신과 의지력을 북돋던 언행으로 유명한 기업가이기도 하다. 한국 현
대사의 고비마다 위기를 정면 돌파하며 특유의 저돌적인 실천으로
판단력과 실천력이 대단한 천상 평가지능의 교과서 같은 인물이다.

정주영 회장의 직업적성 트라이앵글을 살펴보면 목표성에서 연구지능이 높게 나타났으며, 흥미성에서 평가＋설계지능이 뛰어난 인물로 나왔다. 또한 활용성에서 자존지능만 겸비하면 한 시대를 풍미할 대단한 기업가로 성공할 수 있는 인물로 분석된다.

정주영 회장은 선천적으로 연구지능과 평가지능이 뛰어난 인물이었다. 연구지능과 평가지능의 조합은 사업가에게서 발견되는 지능 구조이다. 여기에 정주영 회장의 꾸준한 노력으로 인해 겸비된 자존지능은 그룹총수로서 부단히 개척 정신을 발휘하게 하는 에너지로 작용하게 했다. 현대그룹의 총수로서의 활동은 평가지능에 있어서의 활동성과 기회 포착력, 가치 판단력에 근거한다. 여기에 설계지능과의 조화는 작은 것도 소홀히 하지 않고 평생을 검소하게 살아온 그의 신념이 되었다.

## 평가지능 소유자의 성공적인 직업인으로의 발전 요인

평가지능은 대표적인 사업가 스타일의 선천지능이다. 여기에 정주영 회장이 겸비한 정확하고 신속한 가치 판단력과 유동적인 사고 체계는 사업가로서의 활동에 대단한 힘이 되었다. 표현지능과의 조화는 응용과 창의성에 바탕을 둔 사업체 운영을 하게 되고, 여기에 연구지능과도 조화를 이뤄 국가 발전의 근간이 되는 사업체를 운영하고자 연구하고 노력하게 되었다.

## 정주영 회장 직업체질은 사업형 – 리더기능

사업가로서 그리고 그룹의 총수로서의 그의 업무수행 기능과 잘 들어맞는 사업형 – 리더기능의 직업체질이다.

한국 수영의 기대주 **박태환**

### 타고난 평가지능에 표현지능을 갖춘 노력형 선수

다섯 살 때 천식을 치료하기 위해 수영을 처음 시작했다. 2004년 대한민국 선수단 중 최연소 국가대표 선수로 아테네 올림픽에 참가했으나 자유형 400m 예선에서 부정출발로 실격당했다. 이후 2008년 베이징 올림픽에서 아시아 최초로 수영 400m 자유형에서 금메달과 200m 자유형에서 은메달을 차지했다.

최근 몇 년 사이에 한국 스포츠가 의미 있는 성과를 올리게 된 데에는 젊은 스포츠 스타들의 활약이 큰 몫을 하기 때문이다. 피겨스케이팅 김연아 선수, 골프 신지애 선수의 활약은 한국 스포츠가 과거의 후진국형 생계 스포츠에서 벗어나 고도의 기술과 전문성이 요구되는 선진국형 레저스포츠로 나아감을 단적으로 보여주고 있다.

한국 수영의 기린아 박태환 선수는 바로 선진국형 스포츠의 신호탄을 알린 한국 스포츠의 희망이다. 2008년 베이징올림픽에서 한국 수영에 첫 금메달을 선사한 박태환 선수는 운동선수로서 천부적인 경쟁지능과 평가지능을 타고난 천상 수영선수였다. 여기에 개인의 노력이 덧붙여져, 목표가 뚜렷해야 하는 수영에서 서구 선수들에게 전혀 뒤지지 않는 자신감 넘치는 영법을 펼쳐 미래가 더 기대되는 한국 스포츠의 젊은 에너지로 성장했다.

박태환 선수의 직업적성 트라이앵글을 살펴보면 목표성에서 경쟁지능이 높게 나타났으며, 흥미성에서 평가지능이 뛰어난 인물로 나왔다. 또한 활용성에서 표현지능을 좀 더 계발하면 세계적인 수영선수로 대성할 수 있는 인물로 분석된다.

박태환 선수는 운동선수로서 꼭 필요한 경쟁지능을 선천적으로 타고났다. 운동선수로서 훌륭한 기량을 보이는 선수들은 대부분 평가지능과 경쟁지능이 조화를 이룬 지능 구조를 지니고 있다. 여기에 다른 운동과 달리 수영은 공간지각력이 또 하나의 중요한 요인으로 작용한다. 그런 면에서 박태환 선수는 공간지각능력을 마음껏 발휘하기에 좋은 평가지능을 천성으로 타고났다.

유명한 수영선수는 대부분 미국이나 유럽의 선수들이었다. 역삼각형 체형에 놀라운 에너지 폭발력과 스피드는 감탄이 절로 나온다. 그런데 그런 선수가 우리나라에도 등장했다. 박태환 선수가 바로 그 주인공이다. 여기서 한 가지 놀라운 사실은 박태환 선수는 서양 사람과 견주어 조금도 손색이 없는 체격과 신체능력을 갖추기 위해 피나는 노력을 해왔다는 점이다.

### 평가지능 소유자의 성공적인 직업인으로의 발전 요인

경쟁지능과 평가지능은 운동선수에게 꼭 필요한 지능이다. 그러나 공간지각력이 매우 중요한 수영에서 박태환의 평가지능은 더욱 중요한 지능으로 활용된다. 이러한 기질을 다 갖춘 수영선수가 드문 우리나라에서 박태환 선수는 노력으로 이를 다 커버하여 앞으로의 발전이 더욱 기대된다. 또 박태환 선수는 수영선수지만 연예활동에서도 뛰어난 감각을 발휘하고 있다. 여러 방송활동과 CF에서도 그 진가는 이미 확인됐다. 표현지능을 활용한 그의 직업적성은 앞으로 주목할 만한 내용이다.

### 박태환 선수의 직업체질은 자유형 – 전문기능

박태환 선수는 조직이든 개별활동이든 복합적인 활동이 모두 가능한 직업유형이다. 자유로움을 추구하는 표현지능이 강한 자유형 직업체질이기 때문에 규칙적인 훈련도 스스로 할 수 있는 선수여서 자신만의 독창적인 수영 영역을 구축할 수 있었다.

설계지능이 우수한 사람들의 성향은
한마디로 레이저빔 같다. 정확하고 치밀하다.
자신에게 주어진 지금 일에 철저하고 충실하다.
그래서 가끔은 넓은 마음으로 주변도 보게 만들어줘야 한다.
항상 자로 재며 사는 듯 정확하고 꼼꼼하다.
그래서 뭐든 확실해야지 흐리멍덩하면 굉장히 싫어한다.

# 8장

# 설계사 스타일의 설계지능

# 01 설계지능의 특징

설계지능(design intelligence)이 우수한 사람은 치밀하게 계산된 업무를 설계하고 수행하는 일을 잘한다. 설계지능은 논리적, 계산력, 현실적, 치밀함, 설계능력, 실리적으로 대표되며 설계지능이 우수한 사람은 가치 판단, 구성력, 에너지 축적, 장기적 결과 중시 등의 성향을 지니고 있다.

설계지능을 상징하는 단어는 계산력, 논리적 가치판단력, 구성력, 치밀함, 섬세함, 현실적 가치 판단, 실리적, 외적 에너지의 내향적 활용 등이다.

설계지능이 우수한 사람들의 성향은 한마디로 레이저빔 같다. 정확하고 치밀하다. 자신에게 주어진 지금 일에 철저하고 충실하다. 그래서 가끔은 넓은 마음으로 주변도 보게 만들어줘야 한다. 항상 자로 재며 사는 듯 정확하고 꼼꼼하다. 그래서 뭐든 확실해야지 흐리멍덩하면 굉장히 싫어한다.

설계지능이 발달한 사람들은 불필요한 행동이나 말을 잘하지 않

170 놀라운 선천지능

는다. 모든 게 정확하게 제자리에 있어야 하며 절제하고 정제해야 된다고 생각한다.

설계지능의 소유자는 뭐든지 준비하는 것을 좋아한다. '개미와 베짱이' 이야기에 나오는 개미와 같다. 밤에 통장 수십 개를 몰래 펼쳐놓고 계산하며 행복해한다. 지금 아껴야 나중에 쓸 것이 있다고 생각한다.

어찌 보면 좀 자잘해 보이지만 정말 필요할 때 큰돈을 과감하게 쓸 줄도 안다. 멋지다. 준비한 게 많으니 가장 적절한 시기에 꺼내 쓸 수 있는 것도 설계지능이다. 가장 현실적이지만 역으로 미래를 준비하고 있는 사람이기도 하다.

뭘 맡겨도 안심이 되는 사람, 재미는 없지만 신뢰를 주는 사람이 바로 설계지능을 갖춘 사람들의 천성이다. 조용한 가운데 오늘도 설계지능이 발달한 사람들은 자기 몫을 성실하게 해내고 있다.

결론적으로 설계지능이 강한 사람은 공간능력, 검소성, 계획성, 논리력, 구성력, 계산력, 섬세성이 우수한 소유자로 노력과 실리적 성향을 지닌다.

# 02 우수한 설계지능을 발전시켜 성공한 사람들

### 비디오아티스트 **백남준**

**뛰어난 설계지능에 인식지능을 보완해 창조적 예술세계 구축**

한국 태생의 미국 현대미술가. 다양한 매체로 예술활동을 하였고 세계적인 비디오아트의 창시자. 독일의 뮌헨 대학에서에서 카를하인츠, 슈토크하우젠, 존 케이지 등을 만나 전자예술에 눈이 떴다. 1964년 뉴욕에서 서양 고전음악 첼로연주자 샬롯 무어만과 비디오와 음악을 혼합한 퍼포먼스를 작업했다.

백남준 씨는 현대미술에서 주요한 위치를 차지하는 비디오아트를 만든 사람이다. 20세기 한국을 빛낸 세계적인 인물 중의 한 사람인 백남준 씨는 미술가이기보다는 공간설계사라고 불려도 손색이 없는 뛰어난 예술가이다.

그가 20세기 미국 현대미술의 가장 큰 족적을 남긴 예술가로 전 세계의 존경을 받을 수 있었던 데는 뭐니 뭐니 해도 그의 선천적성인 설계지능이 유감없이 발휘된 면이 가장 크다고 하겠다. 무엇보다 사물에 대해 늘 다른 각도에서 바라보며 확실한 아트 스페이스를 추구했던 실용주의 미술가였기에 20세기 가장 중요한 예술가로 자리매김할 수 있었다.

　백남준 씨의 직업적성 트라이앵글을 살펴보면 목표성에서 도덕지능이 높게 나타났으며, 흥미성에서 설계지능이 뛰어난 인물로 나왔다. 또한 활용성에서는 인식지능을 지속적으로 발전시켜나가면 세계적인 아티스트로 대성할 것으로 분석되었다.

　비디오아트의 창시자인 백남준 씨는 현대미술가라고 불리지만 엄밀히 따져보면 창조적인 공간설계의 대가라고 할 수 있다. 이는 천성적으로 타고난 설계지능의 소유자답게 공간과 수치에 대한 계산을 바탕으로 하는 공간설계가 뛰어났기 때문이다. 백남준 씨는 독특한 분야를 개척한 예술가들에게서 발견되는 인식지능과 조화를 이루어 그만의 비디오아트를 창시하였다.

### 설계지능 소유자의 성공적인 직업인으로의 발전 요인

　설계지능은 보통 이과적 성향이 강한 지능으로 꼼꼼하고 세밀한 작업에 유리하다. 인식지능과의 조화로 독특한 예술분야를 개척했다.

### 백남준 씨의 직업체질은 자유형 – 전문기능

백남준 씨는 소위 프리랜서로 활동하기에 좋은 자유형이며 전문기능이 직업체질이다. 자신만의 전문기능을 살려 활동하는 것을 선호하므로 끊임없이 자신만의 노하우를 스스로 쌓아나간다.

## 기업가이자 국회의원 정몽준

### 다양한 지능을 두루 갖춘 복합성향의 기업인

현대그룹 창업주 정주영의 아들로 현대중공업의 대주주이다. 1988년 울산 동구에서 국회의원으로 당선되어 현재까지 국회의원직에 있다. 국제축구연맹의 부회장으로 2002년 한일 월드컵의 조직위원장을 역임하면서 대한민국 축구를 월드컵 4강에 오르는 데 공헌을 하였다.

현대중공업의 회장이자 한나라당 대표로 재직 중인 정몽준 국회의원은 아버지 고 정주영 회장과는 사뭇 다른 인생 역정을 거쳐 온 인물이다.

정몽준 의원은 아버지처럼 실천력이 강한 행동지능을 기본적으로 타고났지만, 그에 못지않게 사물을 철저하게 분석하고 논리적으로 계산하는 설계지능도 갖춘 인물이다. 이러한 그의 성향은 2002년 한일 월드컵 조직위원장으로서 세계적인 행사를 꼼꼼하게 치렀다. 또한 현실적인 계산에도 능해 현역 국회의원으로서 치밀한 의정활동을 벌여 현재는 여당의 최고 실세인 원내대표 자리에까지 올랐다.

목표성 행동지능 → 활용성 사고지능 → 흥미성 설계지능

정몽준 의원의 직업적성 트라이앵글을 살펴보면 목표성에서 행동지능이 높게 나타났으며, 흥미성에서 설계지능이 뛰어난 인물로 나왔다. 또한 활용성에서 사고지능을 좀 더 계발하면 기업가와 행정가, 정치인으로서 다양한 행보가 가능한 인물로 분석된다.

정몽준 의원은 지금까지의 행보가 보여주듯이 다양한 지능들을 두루 갖춘, 복합적인 성향의 인물이다. 사업가로 시작하였으나 정치활동을 많이 보여준 정몽준 의원의 사주 구조는 정치가 스타일의 행동지능과 교육가 스타일의 사고지능 그리고 설계가 스타일의 설계지능이 조화를 이루었다. 따라서 정치와 경제 그리고 스포츠에 이르기까지 다양한 활동영역을 구축할 만한 인재이다.

치밀한 구성력과 섬세한 성격으로 대표되는 정몽준 의원의 설계지능은 우리나라 축구를 세계적인 수준으로 이끄는 데 큰 몫을 하게 하였다.

## 설계지능 소유자의 성공적인 직업인으로의 발전 요인

설계지능은 대부분 현실적이고 실리를 따지므로 과감한 행동력은 약할 수 있다. 그러나 과감한 결정력을 가진 행동지능과의 조화는 꼼꼼함과 대담함이라는 성격적 특성을 발현한다.

### 정몽준 국회의원의 직업체질은 사업형 – 리더기능

정몽준 의원은 스스로 조직을 이끌어나갈 수 있는 사업형이 직업유형이며 업무수행기능은 리더기능으로 사업형 – 리더기능의 직업체질을 갖추고 있다.

행동지능을 타고난 사람은 조용히 생각하다
갑자기 벌떡 일어나서 뭔가에 도전한다.
그리고 실천으로 모든 걸 말한다.
남들이 생각할 때 그는 행동한다.
남들이 말할 때 그는 행동한다.
말만 앞세우거나 생각만 하고 있는 사람을 싫어한다.

# 9 장

## 정치가 스타일의 행동지능

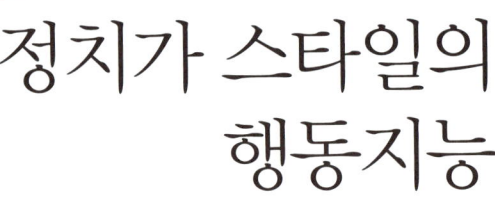

# 01 행동지능의 특징

행동지능이 우수한 사람은 즉각 판단하고 과감하게 실행한다. 행동지능은 신속한 결정, 기억력, 판단력, 결과 중시, 관리능력으로 대표되며 행동지능이 우수한 사람은 이상(理想)을 추구하고, 조직 구성, 에너지의 현실적 활용 등의 성향을 지니고 있다.

행동지능을 상징하는 단어는 행동력, 개혁적, 신속한 결정력, 이상에 관점, 내적 에너지의 외향적 활용, 결과 중시 등이다.

'그래! 결심했어!'

행동지능을 타고난 사람은 조용히 생각하다 갑자기 벌떡 일어나서 뭔가에 도전한다. 그리고 실천으로 모든 걸 말한다. 남들이 생각할 때 그는 행동한다. 남들이 말할 때 그는 행동한다. 말만 앞세우거나 생각만 하고 있는 사람을 싫어한다. 힘든 일은 이상향을 꿈꾸며 참아내고 기회가 오면 즉시 도전한다. 카리스마가 있는 리더이다.

행동지능이 뛰어난 사람은 의리가 뭔지를 안다. 한 번 믿으면 영원히 믿어준다. 내가 대장이면 부하를 끝까지 책임진다. 내가 부하면 대장에게 끝까지 충성한다. 멋지다.

선천적으로 행동지능을 타고난 아이는 시험을 볼 때 제일 빨리 문제를 푼다. 문제지를 오래 째려본다고 답이 '저요, 저요!' 하고 알려주는 것도 아닐 바에는 순식간에 아는 대로 답을 적어버린다.

행동지능이 발달한 아이는 변명을 하지 않는다. 결과로 모든 걸 말하고 싶어 한다. 변명할 바에야 차라리 그 시간에 작전을 짜고 새로운 도전을 준비하거나 깨끗하게 포기한다.

행동지능이 지나치게 발달한 사람은 아무것도 하고 있지 않은 시간을 몹시 힘들어한다. 할 일을 주어 자신감을 갖도록 도와주어야 한다. '외로운 승자'를 자청하지만 자신의 마음을 알아줄 사람을 간절히 기다리는 사람이기도 하다.

결론적으로 행동지능이 강한 사람은 기억력, 도전력, 행동력, 결단력, 수행력, 분별력, 신속성, 인내력이 우수한 소유자로 강한 행동적 성향을 지닌다.

# 02 우수한 행동지능을 발전시켜 성공한 사람들

## 언론사업가이자 국회의원 **홍정욱**

### 연구지능과 행동지능의 조화로 미디어그룹 기업인으로 성공

기업인 및 언론인이자 정치인. 그는 하버드대학 동아시아학과를 졸업,
스탠퍼드대학 로스쿨에서 J.D. 학위를 취득했다. 헤럴드미디어를 인수
해 최연소 언론사 CEO가 되었으며, HMX 동아TV를 인수해 종합미디
어그룹을 구축했다. 2005년, 2006년 세계 차세대 지도자의 한 명으로
선정되었고 제18대 국회의원이다.

베스트셀러 《7막 7장》의 저자이자 18대 국회의원인 홍정욱 의원
은 타고난 연구지능과 행동지능의 소유자답게 꼼꼼히 과제를 분석
하고 이를 과단성 있게 실천에 옮길 줄 아는 미디어 기업가이다.

홍정욱 의원은 선천적인 학자형 지능 구조를 가진 사람답게 스
탠퍼드대학교 로스쿨과 서울대, 중국 베이징대학 등에서 미디어와
동아시아학 등 다양한 분야의 학문을 폭넓게 공부한 학구파 연구원
출신이다. 그는 지식산업의 총아인 헤럴드미디어 회장을 거쳐 국내

의 헤럴드코리아 대표를 역임하는 등 자신의 다양한 지식 정보를 유감없이 사업에 쏟아 붓는 행동형 사업가이기도 하다.

홍정욱 의원의 직업적성 트라이앵글을 살펴보면 목표성에서 연구지능이 높게 나타났으며, 흥미성에서 행동지능이 뛰어난 인물로 나왔다. 또한 활용성에서 사고지능을 좀 더 계발하면 학자로서의 선천지능(연구지능 + 행동지능)에 정치인으로서 현실 감각과 판단능력까지 겸비한 인물로 성장할 수 있다는 분석이 나왔다.

홍정욱 의원처럼 선천적으로 연구지능과 사고지능의 조화를 이룬 사람은 대표적인 학자의 사주 구조이다. 그의 활동의 바탕은 앞으로도 강력한 지식 정보의 수용력이 중요한 역할을 하게 될 것이다. 강력한 행동지능은 정치가 스타일의 특징이다. 홍정욱 의원의 원래 학자다운 면모에 강력한 판단력과 행동력을 발휘하는 행동지능이 더해져 정치인으로서 성공적인 활동이 가능해지게 되었다.

## 행동지능 소유자의 성공적인 직업인으로의 발전 요인

행동지능은 단시간 내에 신속한 결단력과 판단력 그리고 행동력을 요구하는 정치가들에게 필수적인 지능이다. 개혁적이지만 이상에 관점을 두는 행동지능은 앞에 나서서 자신의 의견을 피력하고 많은 사람들을 설득하고 이끌어 나가는 데 꼭 필요한 지능이다. 또한 연구지능, 사고지능과의 조화는 다양한 지식 정보를 바탕으로 사람들을 설득하고 이끄는 데 신뢰감의 근간이 되어줄 것이다.

### 홍정욱 의원의 직업체질은 자유형 – 리더기능

홍정욱 의원은 사업체 운영이든 정치가로서의 조직적 활동이든 적응력이 강한 자유형이 직업유형이며, 업무수행기능은 리더로서 활동하는 것을 선호하는 리더기능이다. 따라서 그의 직업체질은 자유형 – 리더기능이다.

판사 출신 국회의원 # 나경원

### 자존지능+행동지능의 천상 정치인

제17, 18대 한나라당 소속 국회의원이다. 현재 국회 문화체육관광방송통신위원회 한나라당 간사로 활동 중이다. 그밖에 국회 연구단체 장애아이 we can 회장, 한국스페셜올림픽위원회 명예회장 등으로 원내외에서 활발한 활동을 하고 있다.

현재 한나라당의 미디어방송법을 주도하고 있는 나경원 의원은 제17, 18대 국회의원으로 활동하며 여당 내에서 가장 영향력 있는 여성 의원으로 활발한 의정활동을 펼치고 있다.

나경원 의원은 선천적으로 자존지능과 행동지능이 조화를 이룬 천상 '정치인'의 사주를 타고난 사람이다. 그의 이러한 선천지능은 국회의원으로서 과단성 있고 실천적으로 행동하는 정치인의 이미지를 국민들에게 각인시켜주고 있다.

목표성
자존지능

활용성
연구지능

흥미성
행동지능

나경원 의원의 직업적성 트라이앵글을 살펴보면 목표성에서 자존지능이 높게 나타났으며, 흥미성에서 행동지능이 뛰어난 인물로 분석되었다. 또한 행동하는 지식인의 사주에 사물을 객관적으로 분석하고 연구하는 연구지능을 좀 더 계발하면 이론과 실천을 겸비한 국회의원이 될 수 있는 인물로 판단된다.

나경원 의원은 선천적으로 자존지능을 바탕으로 한 행동지능을 겸비한 사주를 타고났다. 이는 곧 경쟁력 있는 정치가로서의 자질을 충분히 펼칠 수 있는 지능을 타고난 것이다. 또한 나경원 의원처럼 행동지능이 발달한 사람은 암기력과 도전정신이 강하다. 그러므로 행동지능은 법조계로 진출하는 데 필수적인 지능이며, 우리나라 현실에서 여성정치가로서의 활동은 대단한 도전정신이 아닐 수 없다.

## 행동지능 소유자의 성공적인 직업인으로의 발전 요인

행동지능은 정치가 스타일의 대표적인 지능이다. 여기에 자존지능과의 조화는 강력한 경쟁력을 바탕으로 활동 전개에 유리한 지능 구조이다. 행동지능은 특히 스스로도 과감한 결정력으로 타인을 이끌지만 본인도 충성심과 책임감이 강하다.

### 나경원 의원의 직업체질은 자유형 – 리더기능

나경원 의원의 직업유형은 조직활동이나 개별활동 모두가 가능한 자유형이며 업무수행기능은 리더로서의 활동을 선호한다. 따라서 나경원 의원의 직업체질은 자유형 – 리더기능이다.

도덕지능이 발달한 사람은
밥도 반듯하게 먹고 잘 때도 바르게 누워 자고
인사도 깍듯이 잘한다.
한마디로 타의 모범이 되는 걸 최고로 여긴다.
그래서 항상 남들을 의식한다.
영국 신사처럼 매너 있다.

# 10 장

# 공직자 스타일의
# 도덕지능

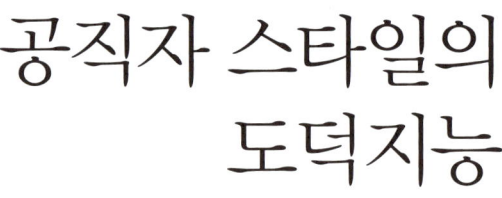

# 01 도덕지능의 특징

도덕지능이 우수한 사람은 원칙과 기준을 세우고 생활하는 사람이다. 도덕지능은 모범적, 공정성, 판단능력, 기억력, 규범적, 도덕적, 보수적으로 대표되며 도덕지능이 우수한 사람은 정교성, 명분, 내면적, 가능성 중시 등의 성향을 지니고 있다.

도덕지능을 상징하는 단어는 규범적, 도덕적, 공정성, 공익적, 내향적, 보수적, 내면적 결과 중시, 정교성 등이다.

도덕지능이 발달한 사람은 밥도 반듯하게 먹고 잘 때도 바르게 누워 자고 인사도 깍듯이 잘한다. 한마디로 타의 모범이 되는 걸 최고로 여긴다. 그래서 항상 남들을 의식한다. 영국 신사처럼 매너 있다. 옷을 입어도 단추를 다 채우고 길을 걸어도 똑바로 걷는다. 너무 맑아서 부담스럽기도 하다.

도덕지능의 소유자는 모두들 멋지고 자유롭게 살고 싶어 하는 현 시대에 삶의 기준이 무엇인지를 한 번쯤 생각하게 하는 소금 같은 존재이다. '바르게 사는 법, 십계명'을 하루에도 열두 번씩은 외우는 사람 같다.

사람들은 시비가 붙으면 모두 도덕지능이 발달한 사람에게 가서 물어본다. 그러면 그는 귀찮아도 끝까지 들어주고 객관적인 판결을 내려준다. 어떤 사람이든 공평하게 대하지만, 점잖은 척을 하느라 인기관리까지는 역부족이다. 하지만 남들의 인정만으로도 마음이 풍요롭고 감사하다.

도덕지능이 지나치게 발달한 아이는 이것저것 시시비비하며 참견한다. 바른 걸 일러줘야 직성이 풀리니 도덕지능이 우수한 아이의 입에서 '쯧쯧' 혀를 차는 소리 안 나는 날이 없다. 자신이 애면서도 '요즘 애들은…….' 하면서 걱정한다.

도덕지능을 갖춘 사람들을 움직이게 만드는 스타트 전구는 명분이다. 이들은 명분이 확실해야 움직인다. 선천적으로 도덕지능이 발달한 아이들은 어려서부터 맞든 틀리든 살아가는 원칙과 판단 기준이 확실하다. 애늙은이처럼도 보이지만 참 믿음직스럽다. 말도 없는 그 속이 참 궁금하다. 그래서 석 달 열흘 공들여 그 속을 들여다보니 이렇게 써 있다. '명분.' 겉과 속이 별다를 게 없는 사람이다.

결론적으로 도덕지능이 강한 사람은 지각력, 합리성, 의무성, 책임감이 우수한 소유자로, 논리적이고 섬세하며 규범과 모범적 성향을 지닌다.

# 02 우수한 도덕지능을 발전시켜 성공한 사람들

## 주미대사 한덕수

### 선천적 도덕지능 소유자의 성공적인 공직자 활동

2007년 4월 3일부터 2008년 2월 28일까지 제38대 국무총리를 역임, 현재 주미대사이다. 서울대학교 출신으로 제8회 행정고시를 합격하였고, 하버드대학교대학원 경제학 박사, 제5대 부총리 겸 재정경제부 장관, 한미 FTA 체결 지원위원회 위원장, 국민경제자문회의 위원으로 활동하였다.

대한민국 행정부에서 가장 많은 공직자의 자리에 오른 인물이 한덕수 주미대사는 노무현 정부에서 국무총리를 역임했고, 이명박 정부에서도 국무총리를 했다. 이밖에도 한미 FTA 지원위원장과 국민경제자문회의 위원으로도 활동하는 등 공직사회에서 가장 핵심적인 요직을 두루 걸친 행정관료의 대명사이다.

한덕수 대사가 이처럼 국가의 주요 공직을 두루 역임할 수 있었던 데에는 무엇보다도 선천적인 도덕지능이 타고났고 후천적으로 표현지능을 갈고닦아 주어진 조직에서 조직을 변화시킬 수 있는 유연한 사고를 지닌 인물이었기에 가능한 일이었다.

한덕수 대사의 직업적성 트라이앵글을 살펴보면 목표성에서 인식지능이 높게 나타났으며, 흥미성에서 도덕지능이 뛰어난 인물로 나왔다. 또한 활용성에서 표현지능을 겸비하면 공직자로서 조직의 융화와 변화를 주도할 수 있는 관료로 대성할 인물로 분석된다.

무엇보다 선천적으로 도덕지능이 타고난 인물이었다. 여기에 인식지능과 조화를 이뤄 책임감과 주어진 업무수행에 최선을 다하는 기질을 발휘할 만한 인물로 조직활동을 선호하는 기질을 갖고 있기도 하다.

한덕수 대사는 천성적으로 공직자 규범에 맞는 자질을 갖춘 인물이면서도 평소에 표현지능 계발에 더욱 노력해 공직사회에서 자신을 표현하고 조직을 변화시킬 수 있는 유연한 사고를 갖춰나가 조직의 수장으로서 더할 나위 없는 능력의 소유자가 되었다.

그처럼 고위공직자에겐 로비스트 같은 능력과 언어능력이 필요하다. 또한 대사와 국무총리로 활동하게 되는 경우 공무원이지만 새로운 변화와 도전을 주도하는 데에 매우 적합한 직업적성이라고 할 수 있다.

## 도덕지능 소유자의 성공적인 직업인으로의 발전 요인

도덕지능은 청렴하고 바른 심성이 요구되는 공직자에게는 필수적인 지능이다. 세력 확장이 중요한 목적인 정치가와는 조금 다른 개념으로 바라봐야 하는 대상이 공직자이다. 그러나 창의력과 융통성이 겸비되는 표현지능과의 조화는 주어진 틀을 긍정적인 마인드로 개선할 수 있다는 여지가 겸비되어 국무총리에서 주미대사에 이르기까지 그의 활동영역을 넓혀주었다.

## 한덕수 대사의 직업체질은 직장형 – 참모기능

직장형은 조직활동에 적합하다는 의미로 정부기관의 요직에서의 활동도 포함된다. 공무원 체질도 해당된다는 의미이며 직장형 – 참모기능이라는 것은 조직 내에서 주어진 업무수행력이 매우 우수한 능력자라는 의미이다.

한 조직의 수장이 반드시 능력자를 의미하는 것은 아니다. 리더는 리더로서 결단하고 사람들의 의견을 하나로 모으는 능력이 중요하지만 참모는 중요한 사안에 대한 정확한 정보 수집과 완벽한 업무수행력이 이보다 더 중요하다. 직장형 – 참모기능의 가장 성공한 케이스가 국무총리이다.

## 전 국무총리 고건

**탁월한 도적지능의 발휘로 서울시장, 국무총리 등 주요 요직 역임**

강원도부지사, 전라남도지사, 대통령정부수석비서관, 교통부 장관, 내무부 장관 등을 지냈고 문민정부의 국무총리이기도 했다. 1998년 서울시장에 당선됐고, 2004년 노무현 대통령의 직무가 정지되면서 당시 국무총리였던 그가 대통령 권한을 대행했다. 2009년 사회통합위원회 위원장으로 위촉됐다.

고건 전 총리의 행정부 관료로서의 이력은 화려하다.

행정고시 패스 이후 1970년대엔 전남도지사와 청와대 정무수석 비서관을, 1980년대엔 교통부 장관, 농수산부 장관, 내무부 장관을, 1990년대엔 관선, 민선 서울시장을, 2000년대엔 국무총리와 대통령 권한 대행까지 역임하면서 그야말로 화려한 공직생활을 하였다.

이처럼 다채로운 고위공직자 생활이 가능했던 것은 고건 전 총리의 선천적인 도덕지능과 시류를 보는 냉철한 판단력, 그리고 공직사회를 관리할 줄 아는 꼼꼼한 행정력에서 비롯되었다.

고건 전 총리의 직업적성 트라이앵글을 살펴보면 목표성에서 사고지능이 높게 나타났으며, 흥미성에서 도덕지능이 뛰어난 인물로

나왔다. 또한 활용성에서 설계지능을 좀 더 계발하면 다양한 공직자 조직을 관리할 수 있는 대표적인 행정가로 대성할 인물로 분석된다.

고건 전 총리의 선천적인 도덕지능은 공직자로서 다채로운 관리 경험이 가능하도록 한 가장 큰 원동력이 되었다. 집안 대대로 물려 내려온 전통과 명예를 중시하는 전통이 어렸을 때부터 윤리와 도덕을 중시하는 기질이 자라게 했다.

사물의 이치를 정확히 판단할 줄 아는 사고지능과 바르고 모범적 성향이 강한 도덕지능의 조화는 공직자로서 갖추어야 할 기본적인 자질에 해당된다.

여기에 설계지능은 현실적 실리를 더 중시하여, 섬세하고 꼼꼼한 업무처리능력을 의미한다.

사주에서의 선천지능을 분석해볼 때 고건 전 총리는 본격적인 정치가로서 활동의 기회도 있었지만 이보다는 공직자 활동에 더 의미를 두고 활동하게 된 데에는 도덕지능의 역할이 크다고 볼 수 있다.

### 도덕지능 소유자의 성공적인 직업인으로의 발전 요인

도덕지능은 국민들에게 신뢰감을 주어야 하는 공직자에게는 필수적인 지능이다. 사고지능과 설계지능의 조화는 안정적인 신뢰와 믿음을 주는 행동양식의 바탕이 된다.

### 고건 전 총리의 직업체질은 직장형 – 참모기능

고건 전 총리의 직업유형은 조직활동에 적합한 직장형이며 업무수행기능은 참모로서의 완벽한 업무수행능력을 갖춘 참모기능이다. 따라서 고건 전 총리의 직업체질은 직장형 – 참모기능이다.

# 놀라운 선천지능

선천지능 이야기

세상에 이런 일이–실제 사례 분석

PART

4

# 선천적성으로
# 성공한
# 사람들

선천지능은 태어나면서부터 타고나는 지능이다.
그런데 여기서 부모님이 명심해야 할 것은
사랑하는 자녀의 우수한 선천적성을 더욱 빛나게 하기 위해서는
아이의 환경조건을 잘 만들어주어야 한다는 점이다.

# 1장

# 선천지능
# 이야기

자신을 온전히 사랑하려면 반드시 당신의 새로운 측면에 초점을 맞춰야
한다. 당신 내면에 깃들인 존재에 초점을 맞춰야 한다. 내면의 존재에 집중하
면, 그 존재가 자신을 드러낼 것이다. 그 존재는 바로 당신의 완전한 모습이
다. 그 존재에 집중하고 그 존재를 느끼고 사랑하고 찬양하면, 어쩌면 평생
처음으로 자신을 온전히 사랑하게 될 것이다.

– 《시크릿》 중에서

선천지능은 태어나면서부터 타고나는 지능이다. 그런데 여기서
부모님이 명심해야 할 것은 사랑하는 자녀의 우수한 선천적성을 더
욱 빛나게 하기 위해서는 아이의 환경조건을 잘 만들어주어야 한다
는 점이다.

'개천에서 용 난다.'는 말을 생각해보자. 용이 승천하기 위해서
는 큰 강이나 호수 또는 바다에서 비구름이 일어야 하는데 어떻게
개천에서 용이 날 수 있을까? 그러나 여기에 '기적'이란 말을 적용

**198**  놀라운 선천지능

하면 가능해진다. 기적은 순간적으로 일어나며 이루어질 수 없을 것 같은 상황에 갑자기 예기치 않았던 다른 상황이 개입돼 예상치 못했던 것들이 해결될 때를 말한다.

따라서 개천에서 용이 승천하려면 개천에 기적 같은 일이 순간적으로 일어나야 한다. 예컨대 소나기가 억수로 쏟아져 개천이 강처럼 변하든가 강물이 역류하여 개천이 강처럼 범람할 그 순간 용이 승천할 기회가 오지 않을까? 즉, 용이 때를 만나야 개천에서도 승천이 가능하다. 바로 타이밍이다. 평범하기만 한 우리 아이도 그런 타이밍을 잡을 수 있다면 용이 되어 승천할 수 있다는 말이다.

흑인인 오바마가 미국 대통령에 당선된 것은 미국인들도 예상할 수 없었던 기적 같은 일이라고 한다. 미국 스스로도 흑인이 대통령이 될 것이라고 상상하지 못했지만 미국의 경제 상황이 흑인인 오바마가 대통령으로 승천할 기회를 만들어주었다.

당시 미국은 사상 최대의 총체적인 경제 난국이었다. 글로벌 금융회사가 부도가 나고 세계적인 증권사도 도미노처럼 쓰러지며 경제가 한 치 앞도 내다볼 수 없는 안개정국에 휩싸이고 만 것이다. 이대로 가다가는 미국이 언제 붕괴될 지도 모른다는 불안 심리가 미국인들 마음에 자리 잡기 시작했다.

위기에 처한 미국인들은 절망 속에서 색다른 희망을 보고자 했다. 때마침 오바마는 불안한 미국인들의 정서를 파고 들어가 감성을 자극했다. 결국 미국인들의 절박한 상황이 색다른 미국 대통령을 갈망하게 되었던 것이다. 흑인으로서 상상하기 어려운 미국 대통령이 되다니! 그렇게 경제위기라는 절망적인 상황이 오바마라는 용이 탄생하게 된 것이다.

바로 환경과 변화의 타이밍이다. 그 타이밍을 제대로 아는 것이 바로 타고난 선천적성을 아는 것이다. 즉 과학자의 소질이 있는 아이는 과학관으로, 생명공학에 선천성이 있는 아이는 공룡박물관으로 데려가는 것이다. 부모의 작은 관심 하나가 아이에게 기적 같은 일을 만드는 것이다. 이 또한 개천에서 용 나는 얘기와 뭐가 다르단 말인가?

여기 영화 같은 감동을 만들어내며 자신들의 삶을 성공적으로 이끌었던 사람들의 놀라운 선천지능에 관한 이야기들을 들어보자.

## 발레리나 강수진

### 경쟁지능 & 평가지능

독일의 슈투트가르트 발레단 수석발레리나. 2007년 뷔르템베르크 주정부 궁정무용수가 되었다. 동양인 최초 스위스 로잔콩쿨 1위 입상, 대한민국 오늘의 젊은 예술가상 수상, 브누아 드 라 당스 최고 여성무용수 선정, 대한민국 보관문화훈장, 호암상 예술상 등을 수상한 세계적인 발레리나이다.

강수진 씨는 현재 슈투트가르트 발레단의 수석발레리나이다. 최근 기형적으로 변해버린 그녀의 발을 촬영한 독일의 한 신문의 신문

기사가 인터넷에 공개되고 퍼지면서 발레에 관심이 없던 일반인들에게까지 강수진 씨의 뒤틀린 발은 화제가 됐다. 그만큼 피나는 연습과 노력으로 일군 세계적인 발레리나의 아픔을 절절히 느낄 수 있었던 사진이었다. 강수진 씨는 아침마다 침대에서 눈을 뜨면 어딘가가 아프다고 한다. 그러면서 아픈 것도 무용수 생활의 일부라고 말한다.

발레리나 강수진 씨의 별명은 '연습벌레'이다. 하루 10시간이 넘게 연습하는 경우가 많아 발레신발인 토슈즈를 한 시즌에 무려 150여 개를 버렸다고 한다.

발레리나 강수진 씨의 지독한 연습벌레 습성은 강력한 경쟁지능에 근거한다. 경쟁지능이 발달하면 자신의 신체를 활용한 활동을 많이 하는 특징이 있다. 또한 평가지능은 운동선수나 공간을 디자인하거나 활용하는 직업에 중요한 지능이다. 또한 반드시 결과를 내고야마는 악바리 근성의 근원이 되기도 한다.

## 골프선수 양용은

### 자존지능 & 평가지능

프로 골프선수. 제49회 코오롱 – 하나은행 코리아오픈에서 우승한 뒤 2006년 유럽 프로골프투어 HSBC 챔피언십에서 타이거 우즈를 꺾고 우승했다. 2009년 8월, 골프의 황제라 일컫는 타이거 우즈를 꺾고 아시아 남자 골프선수로는 최초로 메이저대회 우승 기록을 세웠다.

"대한민국의 양용은이 골프황제 타이거우즈를 이겼다."

2009년 8월에 날아든 뜨거운 낭보는 한여름의 강렬한 태양만큼이나 강렬한 인상으로 남은 한국 남아의 쾌거였다. 2009년 8월 17일 제91회 PGA 챔피언십에서 양용은 선수는 골프황제로 맹위를 떨치던 타이거 우즈를 맞아 마지막 연장승부까지 가는 피 말리는 접전 끝에 그를 꺾고 역전 우승을 하였다. 이날의 승리로 양용은 선수는 아시아 남자 골프선수로는 최초로 메이저대회에서 우승 기록을 세웠다.

이밖에도 그해 3월 PGA혼다클래식에서도 우승을 거머쥐면서 최경주 선수에 이어 두 번째로 한국인 챔프를 거머쥐었다.

양용은 선수의 찬란한 성공 뒤에는 절치부심하며 오늘의 영광을 위해 뛰었던 그의 피나는 노력의 과정이 있었다. 제주도 섬 소년에서 미국 골프무대까지 제패한 이 왜소한 동양 골프선수의 투혼은 자신에 대한 철저한 긍정과 자신이 하고자 하는 골프에 대한 무서운 집념이 만들어낸 인간 승리의 드라마이다.

양용은 선수는 선천적으로 인식지능과 자존기능이 뛰어난 아이였다. 인식지능이 뛰어난 사람은 자기 스스로 어떤 과제를 긍정할 때 전폭적으로 그 일을 받아들이고 자신이 흥미를 느끼는 분야에 몰입하는 에너지를 타고났다. 그의 성공은 타고난 욕구 에너지를 어려서부터 따라간 결과이다.

그는 언론의 인터뷰에서 어려서부터 너무 골프를 배우고 싶어서 볼보이를 자청했다고 한다. 고등학교 졸업 뒤에 골프장에서 공을 줍는 아르바이트를 했고, 군대를 제대한 뒤에도 골프장에서 허드렛일을 하면서 프로선수들의 동작을 눈으로 익히며 골프를 배우기 시작했다.

양용은 선수의 또 하나의 선천지능인 자존지능은 신체적 에너지가 넘치는 기질로 이런 사람은 운동감각이 탁월하며 경쟁에서 이길 수 있는 질투 에너지를 품고 있다. 프로골퍼처럼 치열한 승부를 펼쳐야 하는 운동선수는 똑같은 환경이어도 자존지능과 경쟁지능을 타고 나야 몸으로 하는 동작을 잘 익히고 승부근성이 강한 운동선수로서의 기질을 갖추게 되는 것이다.

또한 양용은 선수는 평소에 평가지능을 꾸준히 연마해 앞서 두 지능에 평가지능을 더했다. 평가지능은 공간을 활용하는 능력과 거리와 색, 선에 대한 감각이 예민하고 수리계산에 능한 에너지이다. 이처럼 인식지능과 자존기능, 평가기능이 더해져 양용은 선수는 골프에 미치게 되었고 결국 타이거 우주라는 아성을 무너뜨리게 된 것이다.

## 발명왕 에디슨

### 사고지능 & 연구지능

1847년에 태어나 1931년에 죽기까지 미국의 발명 및 사업가로 세계 석인 멍싱을 떨쳤다. 세계에서 가장 많은 발명을 한 발명왕으로 1,093

개의 미국 특허가 에디슨의 이름으로 등록되어 있다. 1881년에 인자전
신기를, 1900년에 축전기를 발명하였다. 후에 GE를 건립했다.


에디슨이 67세가 되던 1914년 12월 어느 날 밤, 미국 뉴저지에
있는 그의 공장에서 큰 불이 났다. 이 불로 공장은 전소되었다. 200
만 달러짜리 거대한 자산이 순식간에 불에 타 사라져버린 것이다.
이 공장에는 에디슨이 평생 연구해왔던 발명품들이 고스란히 쌓여
있었다.

에디슨은 다음날 화재의 현장에서 가족들에게 이렇게 말했다.

"이 화재는 결코 재난이 아니다. 이 재난 가운데 우리는 무한한
가치를 발견할 수 있다. 이 화재는 나의 모든 실수를 불태워버렸다.
이제 우리는 새롭게 시작하는 것이다."

세상을 낙관적으로 보는 사람의 성공 확률은 비관적인 사람에
비해 훨씬 높다고 한다.

발명왕 에디슨의 원초적 생명력은 호기심이었다. 계란을 품으며
병아리가 부화되기를 기다렸던 호기심 많은 아이가 자라서 발명왕
에디슨이 된 것이다.

호기심은 발명가의 필수적인 에너지다. 선천지능에서는 연구지
능과 표현지능이 대표적인 호기심을 유발하는 에너지이다.

에디슨은 선천적으로 언제나 생각하고 연구하는 연구지능이 남
보다 월등히 발달하였다. 이러한 그의 기질은 무언가에 호기심을
느끼면 집요하게 물고 늘어지며 호기심을 충족시키기 위해 몰두하

는 에너지를 갖고 있었다.

또한 에디슨은 인식지능과 사고지능도 선천적으로 발달했는데, 바로 호기심을 아이디어로 이끌어내는 에너지가 인식지능과 사고지능이다. 에디슨의 출생정보 사주에서는 이런 호기심을 아이디어로 이끌어내는 에너지가 매우 탁월하다.

특히 사고지능은 기존의 연구결과를 잘 정리하는 역할과 오랜 시간 연구해도 지치지 않는 에너지의 근원이 되었다.

## 오지탐험가 한비야

### 자존지능 & 인식지능

오지 여행가이자 작가, 전 월드비전 긴급구호팀 팀장이다. 2009년 8월, 터프츠대학교의 영양학 전문 대학원 프리드만 학교와 국제법 및 외교학 전문대학원 플레처 스쿨에서 인도지원 석사과정을 이수 중이며 저서로는《지도 밖으로 행군하라》,《바람의 딸 걸어서 지구 세바퀴 반》등이 있다.

오지탐험가 한비야 씨가 세상에 이름을 알리게 된 것은 여행 책을 통해서였다. 그는 35세에 국제홍보회사인 버슨 마스텔라 한국지사의 일을 그만두고 7년간의 세계여행에 올랐다. 그녀는 일반적인 안락한 여행보다는, 비행기를 거의 이용하지 않고 육로로만 오지를 찾아 여행을 하였다. 여행 중에 국경을 넘으며 겪은 여러 사건들과 아프가니스탄에서의 위험했던 순간들을 묘사한 생생한 기록이 《바람의 딸, 걸어서 지구 세 바퀴 반》, 《지도 밖으로 행군하라》라는 책으로 세상에 나오며 독자들을 매료시켰고, 이때부터 세상에 한비야라는 이름을 당당히 올리게 되었다.

한비야 씨는 단순한 풍물탐방보다는 실제로 현지인의 집에 머물면서 함께 생활하여 그들의 문화를 체험하는 방식을 선택했다. 한비야는 자신의 저서에서 "여행 중에 만난 오지의 사람들에게서 오히려 많은 것을 배우며 느꼈고, 이를 계기로 나의 삶이 완전히 변화하였다."라고 밝혔다. 그녀는 이후 여행은 더 이상 즐거움을 주지 않고 이제 그녀의 심장을 뛰게 하는 것은 재해와 분쟁이 일어난 지역에서의 헌신적 구호활동이라고 밝혔다.

오늘의 오지탐험가 한비야 씨를 탄생시킨 선천지능은 자존지능과 인식지능이다. 자존지능이 발달한 사람은 언제나 에너지가 넘친다. 모든 일을 하되 스스로 자신의 몸을 직접 움직이고 활동해야 직성이 풀린다. 그녀는 어려서 온 동네를 직접 탐험하고 저 너머에, 그리고 또 저 너머에 뭐가 있는지 알고 싶은 호기심에 늘 동네 밖으로 나가는 일이 많았다고 한다. 어릴 적부터 타고난 호기심이 어린 여행에 대한 욕심은, 성인이 돼서 전 세계를 여행하고 오지를 탐험하는 일로 보다 크고 넓은 세계로 나아가게 되는 원초적인 동기가 되었다.

한비야 씨가 세계여행을 하는 모습은 항상 행복감과 기쁨에 넘쳐 자신이 하고 싶은 일을 즐기는 사람의 모습이다. 자기 안의 넘치는 자존지능을 늘 긍정적으로 사고하고 행동하면서 끊임없는 에너지를 발산하는 그녀는 남들이 하지 않는 일을 함으로써 자기만의 희열을 느끼는 인식지능이 뛰어난 사람이기도 하다. 이러한 한비야 씨의 선천적인 탐험가 기질이 그녀에게 1차적으로 세계여행을, 2차적으로는 타인을 위한 헌신적 구호활동을 펼치는 에너지의 원천이 되고 있다.

## 가수 하춘화

### 강력한 연구지능

하춘화는 45년간 가수생활을 하고 있다. 그녀는 무려 2,500여 곡을 불렀으며 드라마 주제가도 60여 곡을 불렀다. 1985년 남북 예술인 교환공연에 초대받아 평양에서 공연했다. 2006년 성균관대학에서 현대 대중가요 역사를 주제로 한 논문으로 철학 박사학위를 취득했다.

지금까지 하춘화 씨가 취입한 가요는 무려 2,500여 곡이나 된다. 여기에 드라마 주제가도 약 60여 곡을 불렀다고 하니 한국 가요사에서 그녀만큼 빨리 데뷔해 이토록 많은 곡을 취입한 가수는 없다고 한다.

그녀는 선천적으로 연구지능과 행동지능이 조화를 이루는 가수였다. 우리에겐 〈잘했군 잘했어〉라는 노래의 풍자적인 가사로 기억되는 하춘하 씨는 한평생을 대중가요만을 부르고 연구한 집념의 여

가수이기도 하다.

한 우물만 파는 지능은 그녀의 단연 뛰어난 연구지능 덕분이다. 하루 종일 노래만 불러도 좋고, 한평생 노래만 불러도 좋고, 노래만 부를 수 있다면 아무것도 먹지 않아도 배부르다고 말할 수 있는 지능은 단연 연구지능 때문이다. 여기에 하춘하 씨가 '가요'를 주제로 박사학위까지 소지하게 된 것은 재미있게도 연구지능과 더불어 행동지능이 조화를 이루어, 나이가 들어도 뛰어난 암기력과 결단력을 발휘한 결과가 아닌가 한다. 2,500여 곡의 노래를 모두 외우려면 행동지능 하나쯤은 필수가 아닐까?

## 유엔 사무총장 반기문

### 자존기능 & 사고지능 & 행동지능

초등학교 시절부터 외교관이라는 꿈을 가졌고 중학교에 진학하면서부터 영어를 비롯한 공부에 매료되었다. 서울대 외교학과를 졸업하고 1970년 외무고시에 합격하여 30여 년간 일하다 2004년 외교통상부 장관을 맡게 되었다. 2006년에는 제8대 유엔 사무총장에 선출되었다.

《바보처럼 공부하고 천재처럼 꿈꿔라》는 반기문 유엔 사무총장이 세계의 청소년에게 전하는 꿈과 희망의 메시지를 담은 책이다. 반기문 사무총장의 이러한 삶의 비전은 '놀라운 선천지능'에서 말하고자 하는 모든 것을 담고 있다.

"뜯어 말려도 끝내 해야 되는 적성을 일찍 발견해줘라!"

"천재성도 노력하고 개발해야 한다!"

"타이밍에 강해야 한다!"

그는 영어공부에 심취하여 누가 시켜서가 아니라 자신이 좋아서 열심히 공부했다. 그는 자신의 능력 향상을 위하여 부단히 노력했다. 또한 자신에게 온 기회를 발전의 토대로 활용하고 인생이 바뀌는 전환점으로 잘 활용했다. 이러한 일련의 노력들이 케네디 대통령을 만나 외교관의 꿈을 키웠던 충청도 시골마을의 까까머리 꼬마를 세계연합을 관리하는 유엔의 사무총장으로 만들었던 것이다.

반기문 사무총장은 정통 외교관료 출신으로 30여 년간 외교관으로 성실하게 일하다 노무현 정부에서 외교통상부 장관을 하기에 이른다. 이후 국제 외교무대에서 그의 성가(聲價)가 유감없이 발휘돼 마침내 2006년에 대한민국 역사에 유례가 없는 제8대 유엔 사무총장에 오르게 된다.

반기문 사무총장의 외교관으로서의 성실한 업무수행능력과 끊임없이 연구하는 자세는 바로 그의 선천지능인 자존지능과 사고지능, 행동지능의 절묘한 조합에서 비롯되었다.

반기문 사무총장은 자존지능이 우수해 자신과의 싸움에서 언제나 이기는 삶을 살았고, 뛰어난 행동지능의 소유자로서 부지런하고 판단력이 뛰어나 정부의 정치 성향에 잘 적응하는 기질을 지녔다. 또한 태어날 때부터 타고난 우수한 사고지능은 언어능력과 정보 수집 및 체계적인 성향으로 국제적인 요직을 맡는 데 적합했다.

그는 후천적인 노력으로 행동지능을 발달시킴으로써 국제사회에서 활발히 자신의 입지를 넓히고 활동무대를 세계로 펼치는 데 행동지능이 중요한 역할을 했을 것이다.

## 전 대통령 노무현

### 자존지능 & 인식지능

대한민국 제16대 대통령. 인권변호사로 민주화운동에 참여하였고, 1988년 국회의원으로 당선되었다. 3당 합당에 반대하여 민주당 창당에 동참하였고, 해양수산부 장관을 역임한 뒤 대통령 선거에서 당선되었다.

노무현 전 대통령은 끊임없는 노력과 정의에 대한 소신을 굽히지 않으면서 독자적인 정치인의 길을 걸어갔던 가난한 사람들의 희망이었다. 노무현 전 대통령의 정치인으로서의 길은 험하고 거친 가시밭길이었다.

그는 정치계에 있는 내내 개혁적 소신으로 한국의 보수기득권과 충돌했고, 대통령 재임기간 동안에도 '당-정 분리'의 원칙을 고수하여 자신의 지지세력도 비판을 받으면서까지 원칙과 소신에 입각해서 정책을 펼쳤다. 언제나 소신을 앞세운 그의 정치행보는 비주류로서의 순탄치 못한 정치 역정의 길을 걸어야 했다.

노무현 전 대통령은 한마디로 행동하는 양심 정치인을 표방하였다. 그의 타고난 선천지능은 행동지능이 뛰어났고, 뒤에 끊임없이 연구하고 조직을 변화시키는 데 주도적인 역할을 하게 되는 원천은 연구지능과 인식지능이었다.

그는 뛰어난 행동지능을 갖춘 사람답게 정치가와 리더로서 끊임없이 자기 혁신을 꾀하였다. 또한 그의 선천적인 인식지능과 연구지능은 자신만의 학문연구와 독특한 경험에 의한 노하우를 확실하게 부여함과 동시에 조직활동이든 개별활동이든 융통성 있는 적응력을 높여주는 데 결정적인 역할을 했다. 재임기간과 그 이전의 활동에서도 개혁적 소신과 같은 지지세력 내에서도 다소 비판세력이 있었음은 그의 자유인 기질에서 유래된 것이다.

## 탤런트 이순재

### 강력한 평가지능

서울대학교 철학과를 졸업했고 대학생 시절부터 연극공연을 했다. 1956년에 대한방송(HLKZ-TV)로 데뷔하여 활동을 했다. 제14대 민주자유당 국회의원으로 활동도 했으나 정치에 손을 떼고 배우로 돌아왔다. 한국방송연기자협회 초대, 제2대, 제11대 회장을 역임하였다. 현재까지 활발하게 활동하고 있다.

배우 이순재 씨는 대한민국 현역배우 중 가장 원로이다. 신구 씨와 함께 현재 대한민국 남자 원로배우의 양대 산맥을 이루고 있다.

1991년 문화방송 주말연속극 〈사랑이 뭐길래〉에서 대발이(최민

수)의 아버지 역할로 출연하여 엄격하고 냉정한 아버지상을 보이면서 인기를 끌었다. 문화방송 일일시트콤 〈거침없이 하이킥〉에 한의원을 운영하는 할아버지 역할로 출연하였다. 극중에서 야한 동영상, 즉 야동을 밝히는 장면이 방송되어 '야동순재'라는 별명을 얻는 등 평소의 위엄 있는 스타일과는 달리 파격적인 모습으로 청소년 등 많은 시청자들에게 크게 인기를 얻었다.

그는 자신만의 노하우가 확실한 사람이다. 선천적으로 강력한 평가지능을 타고난 그는 유동적이고 활동적이며 변화에 대한 적응력이 우수하다. 또한 사물의 가치를 평가하는 능력이 남달라 자신이 원하는 것이 있으면 연극이든 드라마든 심지어 정치까지도 망설임 없이 도전하는 자유 의지의 소유자이다.

그가 정치활동도 참여하고 연예협회에서 회장직을 역임한 것 등은 자유형 인간의 전형적인 복합적 구조를 반영한다. 또한 자신만의 노하우를 유감없이 발휘해 대중예술에서 뛰어난 배우로 진가를 나타내기도 한다. 이처럼 전문가이자 자유형 인간으로서 평가지능이 뛰어난 사람의 천성은 모든 걸 직접 해야 되지만 그런 만큼 확실한 인정도 받아야 하는 것이 이들의 직업체질이기도 하다.

정치인 **유시민**

## 사고지능 & 표현지능

서울대학교를 졸업했고 학생운동 시절인 1985년 '서울대 학원 프락치
사건'으로 투옥되었을 때 제출한 '유시민의 항소이유서'를 통해 이름
이 알려졌다. 〈100분 토론〉의 사회자 및 사회평론가로 활동하다가 정
계에 입문했다. 노무현 정부 때 보건복지부 장관을 역임했으며 제16,
17대 국회의원이다.


유시민 전 장관은 우리에게 다양한 이미지로 다가오는 인물이
다. 민주화운동에 매진한 사람에게는 열렬한 민주투사로, 첨예한
사회문제를 다룬 시사프로를 좋아하는 사람에게는 시사프로그램의
명 사회자로, 사회과학 서적을 탐독하는 사람에게는 훌륭한 작가로
기억될 만큼 다양한 활동과 인맥을 지닌 인물이 바로 유시민 전 장
관이다.

그는 시민운동가에서 일약 정치 일선에 나서며 '노무현'이라는
인물을 만나 열악한 지지기반에 있던 노무현을 대통령으로 당선시
키는 데 일등공신이기도 한다. 이러한 공로로 참여정부의 보건복지
부 장관으로 활동하기도 했다.

유시민 전 장관은 수용적인 사고지능과 창의적인 표현지능을 누
루 갖춘 인물이었다. 이러한 그의 선천지능이 보수와 진보라는 대
립구조 속에서 자신만의 영역을 확보하며 독특한 정치인의 행보를
걷게 만든다. 유시민 전 장관은 사고지능과 표현지능의 중앙에 도

덕지능을 후천적으로 갖춰 대립되는 자신의 두 선천지능을 잘 조화
시켜 참모로서의 중요한 역할인 중재인의 임무와 공직자 스타일의
지능을 무난히 소화해낸 인물이며 자유형 – 참모기능의 직업체질
을 갖춘 인물이다.

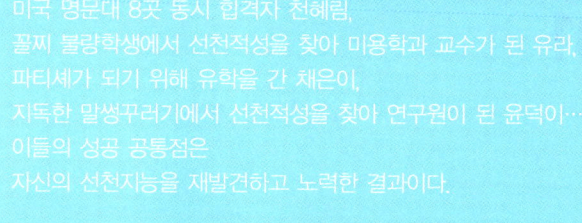

미국 명문대 8곳 동시 합격자 천혜림,
꼴찌 불량학생에서 선천적성을 찾아 미용학과 교수가 된 유라,
파티셰가 되기 위해 유학을 간 채은이,
지독한 말썽꾸러기에서 선천적성을 찾아 연구원이 된 윤덕이……
이들의 성공 공통점은
자신의 선천지능을 재발견하고 노력한 결과이다.

# 2장

# 세상에 이런 일이

## – 실제 분석 사례

# 01 미국 명문대 8곳
동시 합격자 천혜림

"미(美) 명문대 8곳 동시 합격한 천혜림의 '악바리 공부법'"

2006년 국내 유수 중앙지와 잡지에 실린 천혜림 양 관련 기사 제목이다. 당시 천혜림 양은 언론과의 인터뷰에서 "뛰어난 친구만 한 자극제는 없다."는 말로 자신의 타고난 경쟁지능을 드러내기도 했다.

천혜림 양은 대원외고 중국어과를 수석졸업한 뒤 미국의 아이비 리그이자 명문대학인 하버드, 프린스턴, 펜실베이니아, 컬럼비아, 웰슬리, 웨슬리언, 듀크, 버지니아 등 8개 대학에 동시 합격한 수재이다. 그런 천혜림 양도 어머니의 보이지 않는 지극정성이 없었다면 그렇게 뛰어난 성취를 올리지 못했을지도 모른다.

무엇보다도 학문적 수용력과 활용력이 좋으려면 사고지능과 표현지능의 조화가 필수적이다. 이러한 기본적 조건을 갖춘 천혜림의 사주는 자존지능이 경쟁지능과 더불어 강력하게 자리 잡아 다른 지능들을 강력하게 활용하고 있는 형국이었다. 천혜림 양과 같은 사주는 자신이 직접 실행해야 하고 다른 사람보다 뒤처지는 것을 견디지 못한다. 약간은 조급한 성격의 아이들에게서 보이는 자존지능과 경쟁지능이 공존하는 사주는 천혜림 양을 어린 나이에 악바리 천재를 만들었다.

천혜림 양은 재정경제부 국유재산과장 천룡 씨의 장녀이다. 과천 문원중 2년 때 상하이 주재 재경관으로 발령받은 부친과 함께 중국에서 공부한 것이 외국어 학습에 많은 도움이 되었다고 한다. 어려서부터 예습과 복습을 철저히 하도록 지도한 엄마의 영향으로 스스로 학습법을 익혔다. 친구가 영어대회에서 상을 타는 것을 보고 영어공부를 열심히 했다고 하는데 남들보다 뒤처지는 걸 무척이나 싫어한 천성이 이러한 결과를 낳았다.

## 천혜림의 선천지능검사 결과

천혜림의 출생정보로 분석된 선천지능 분포

천혜림 양의 선천적성은 자존지능과 경쟁지능이 매우 높아 '질

PART 4_ 선천적성으로 성공한 사람들  **217**

투는 나의 힘'이라고 말하며 친구들과 선의의 경쟁을 한 것을 바로 증명해준다. 또한 실제적인 언어학습에 필요한 표현지능도 높다. 학문적 수용력과 활용력이 좋으려면 사고지능과 표현지능의 조화가 중요한데 천혜림 양의 사주는 자존지능이 경쟁지능과 더불어 강력하게 자리 잡고 있으면서 다른 지능들과 자연스럽게 호응을 이뤄 어린 나이에 악바리 천재가 될 수밖에 없었다.

### 천혜림의 타고난 직업 스타일

| 경쟁지능 | 모험가 스타일 | · 경쟁이 있는 실리적 활동<br>· 즉각적인 결정이 필요한 활동<br>· 새로운 분야를 개척하는 활동 |
|---|---|---|

검사결과에서 보듯이 천혜림 양의 직업 스타일은 새로운 도전을 즐기고 경쟁이 있는 실리적 활동을 추구하는 모험가 스타일이 강하다. 그러므로 새로운 환경에서의 적응력이 강하고 친구들과의 경쟁도 긍정적으로 받아들여 자신이 원하는 것을 이루어나갈 수 있었다.

### 천혜림의 학과적성검사 결과

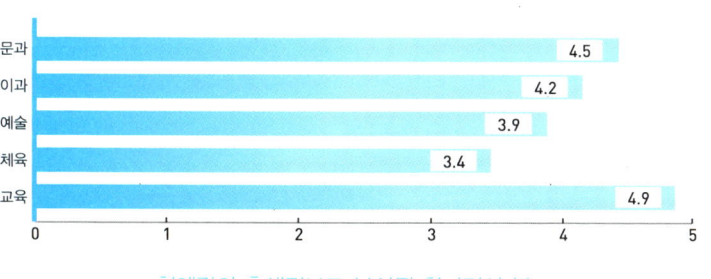

천혜림의 출생정보로 분석된 학과적성 분포

천혜림 양의 학과적성 분포에서는 교육자로서의 적성이 가장 높게 나왔으며 문과 적성도 상당히 높게 나왔다. 결론적으로 앞서의 선천지능 분포와 학과적성 분포를 참고, 법학과나 교육계통 그리고 외국어학과 등의 학과를 선택하여 진로의 방향을 잡을 수 있다.

## 천혜림의 직업선택 위험감수수준검사 결과

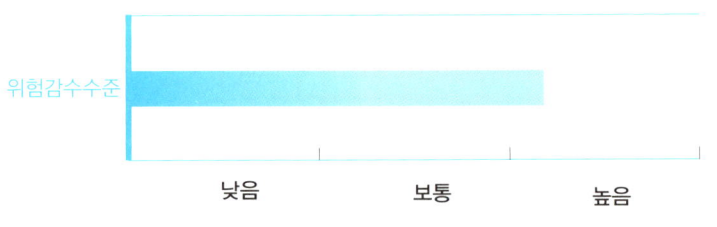

직업선택 위험감수수준검사 결과

천혜림 양은 위험을 감수하는 수준이 높으므로 결과를 자신이 책임지는 실적 위주의 업무가 적합하며, 성취욕구가 높아 안정되고 보장된 분야보다는 새로운 분야에 대한 도적을 선호한다.

## 천혜림의 직업체질유형검사 결과

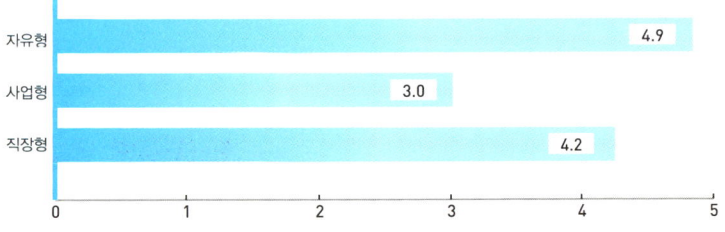

천혜림의 출생정보로 분석된 직업유형 분포

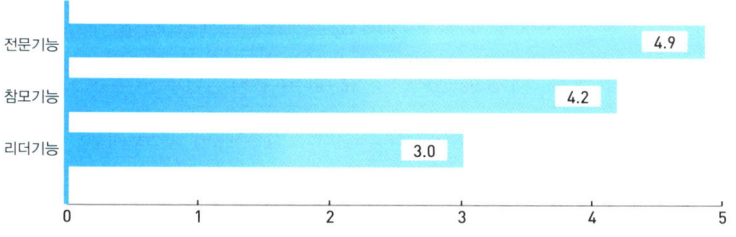

천혜림의 출생정보로 분석된 업무수행기능 분포

천혜림 양의 직업유형은 자유형이나 직장형 점수도 높은 편이므로 조직활동도 가능하다. 업무수행기능은 전문기능이며 직업체질은 우수한 자유형 – 전문기능으로 다양한 활동무대에서의 적응도가 높다.

### 천혜림의 선천직업적성검사 결과

의사, 법관, 경영컨설턴트, 교육자, 회계사, 변호사, 노무사, 일반직 공무원, 학예사, 직업상담사, 의료코디네이터, 작가, 아나운서, 사회복지사, 사서

천혜림 양에게 추천되는 직업의 종류는 전반적으로 독자적인 지식과 기술력을 바탕으로 우수한 전문지식을 활용하는 분야가 많음을 알 수 있다.

### 천혜림의 좌우 뇌 기능분포도

천혜림 양의 출생정보로 분석된 좌우 뇌 기능검사 결과에서는 전뇌형으로 좌우 뇌 기능이 고르게 발달했음을 알 수 있다.

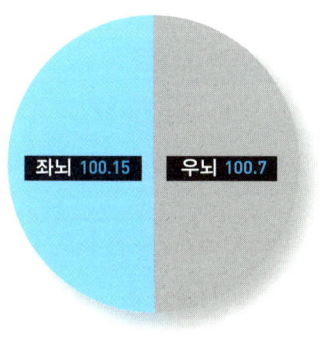

# 천혜림의 학습전략과 양육방법

| 유형 | 천혜림 양의 학습유형은 '모델제시형' 입니다. |
|---|---|
| 특징 | · 타인에 대하여 관심이 많으므로 가장 닮고 싶어 하는 모델 제시기 효과적입니다.<br>· 욕구를 불러일으키는 대상 때문에 학습태도가 긍정적으로 변화하는 성향이 있습니다.<br>· 영향을 주는 집단에 속할 수 있도록 배려해주는 것이 매우 중요한 유형입니다. |

| 구분 | 학습전략과 양육방법 |
|---|---|
| 학습<br>전략 | · 목표의식을 가지고 항상 도달해야 되는 목표를 정하는 습관을 길러야 합니다.<br>· 결과를 내고 자신이 노력한 결과로 만족감을 얻는 경험이 반드시 필요합니다.<br>· 실력 향상을 위한 꾸준한 노력과 유연한 사고방식을 길러 빠른 결정력도 키워야 합니다. |
| 교육<br>방법 | · 이해력과 포용력을 기를 수 있는 교육환경을 제공합니다.<br>· 전통문화와 같은 교양교육이 항상 필요합니다.<br>· 특기를 장점으로 살릴 수 있는 교육이 도움이 됩니다.<br>· 시간 지속적이며 계획성 있는 생활과 학습이 필요합니다.<br>· 작은 결과에도 칭찬하고 노력의 결과를 인정할 수 있도록 합니다.<br>· 학습 내용에 대한 명확한 이해와 수준별 학습이 중요합니다. |
| 인간<br>관계 | · 관용과 이해로 남을 포용하고 존중하는 자세를 가지게 합니다.<br>· 자존심을 앞세우지 말고 충고나 충언을 귀담아듣게 합니다.<br>· 운동이나 활동적인 모임에서 친구를 사귀는 것이 아주 좋습니다.<br>· 자발적이며 부담 없는 마음으로 사람들을 만날 기회를 많이 만듭니다.<br>· 다양한 체험활동에 참여하여 다양한 사람들을 만나보는 것이 좋습니다.<br>· 성실한 언행으로 대인관계를 유지하고 신용을 얻도록 합니다. |

| 성공지수를 높이는 추천도서 | |
|---|---|
| 첫째 | 희생과 봉사정신, 감성을 살려주는 위인전집과 시집, 역사와 전통문화에 관한 교양서, 박애정신을 실천할 수 있는 부류의 도서를 권장합니다. |
| 둘째 | 다양한 환경과 공간에 적응할 수 있는 적응능력을 키우기 위하여 여행서, 에세이, 경영서, 성공기와 같은 부류의 도서를 권장합니다. |

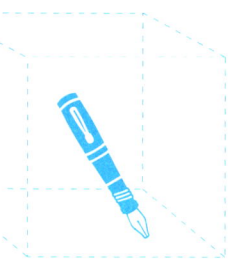

## 02 꼴찌 불량학생 유라는 선천적성을 찾아 미용학과 교수가 되었다!

1998년 초가을, 40대 초반의 부부가 상담을 요청했다. 이유인 즉 고등학교 1학년인 외동딸 때문이라는 것이다. 부부는 아이의 출생 정보를 내어놓고 한숨을 내쉬더니 말을 꺼냈다.

자신은 열심히 노력하여 은행지점장도 되고 경제적으로도 안정 돼서 이제 별 걱정이 없는데, 고1에 재학 중인 외동딸이 성적은 반 에서 꼴찌를 하고 툭하면 결석을 밥 먹듯 해서 정말 어떻게 해야 좋 을지 모르겠다는 것이다.

여기에 공부는 애초에 포기한 듯, 하라는 공부는 안 하고 늘 머리 에 염색하고 가발을 쓰고 다니며 온갖 말썽을 피워 정말 괴롭다는 것이었다. 부부는 하도 답답해서 무당집에 가서 굿도 해보았다고 한다.

## 유라의 선천지능검사 결과

유라의 출생정보로 분석된 직업유형 분포

필자가 유라의 출생정보로 분석된 선천적성을 살펴보니 의외로 자신을 표현하는 데 관심이 많은 유형임을 알 수 있었다. 유라는 선천적성검사에서 경쟁지능과 표현지능은 매우 발달해 있고, 상대적으로 도덕지능과 사고지능은 매우 약하다. 그러니 자유분방하고 자신의 자유와 창조적인 내면을 표출하기 위한 정서가 필요할 수밖에 없다. 문제는 부모가 그런 것을 인정하지 않았을 것이고 그때부터 아이는 반항적인 성격이 될 수밖에 없었을 것이다.

## 유라의 타고난 직업 스타일

| 표현지능 | 발명가 스타일 | · 응용력과 창의성이 발휘되는 활동<br>· 사람들을 설득하는 활동<br>· 변화와 혁신을 주도하는 활동 |
|---|---|---|

검사결과에서 알 수 있듯이 유라의 직업 스타일은 표현의 자유

가 보장되고 창조능력을 활용해야 하는 발명가 스타일이다. 발명가
스타일은 예술적 성향도 강하고 시각적 표현능력도 우수하므로 미
용예술이 매우 적합한 적성이다.

### 유라의 학과적성검사 결과

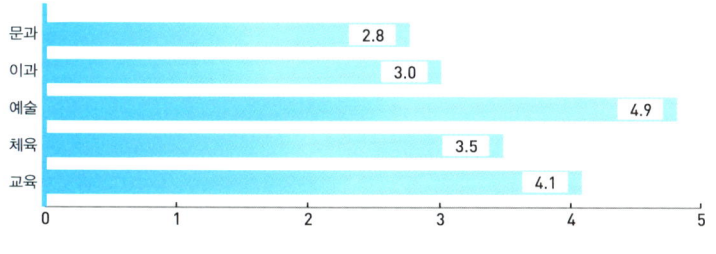

유라의 출생정보로 분석된 학과적성 분포

유라의 학과적성 분포에서는 예술계가 가장 높게 나타났으며, 교
육자의 소질도 좋은 편으로 나타났다. 반면에 문과나 이과는 평범한
수준을 넘지 못하고 있었다. 그러므로 유라는 표현 예술계나 미술
가, 상담 심리 등의 학과를 선택하여 진로의 방향을 잡을 수 있다.

### 유라의 직업선택 위험감수수준검사 결과

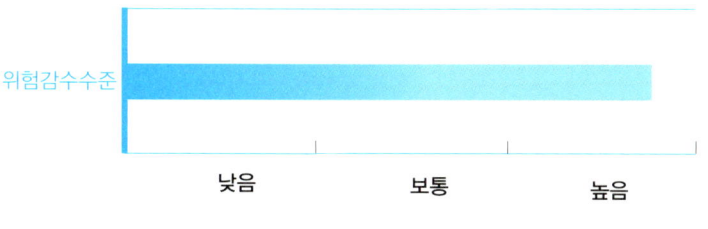

직업선택 위험감수수준검사 결과

유라는 위험을 감수하는 수준이 높으므로 결과를 자신이 책임지는 실적 위주의 업무가 적합하며, 성취욕구가 높아서 미래가 보장되지 않아도 인센티브가 높은 일이 적합하다.

## 유라의 직업체질유형검사 결과

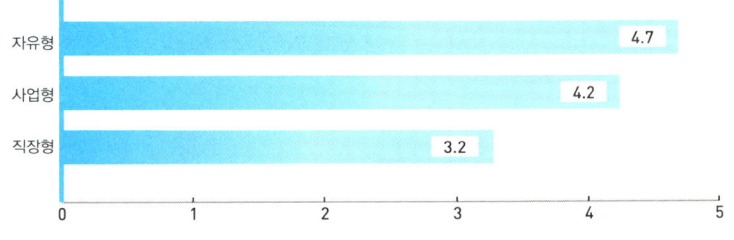

유라의 출생정보로 분석된 직업유형 분포

유라의 출생정보로 분석된 업무수행기능 분포

유라의 직업유형은 조직에서 적응하기 어려운 자유형이다. 업무수행 유형은 전문기능의 직업체질로서 추진력이 있고, 자율적 독립성이 강하다. 따라서 자율적이고 자신의 전문성을 활용하는 미용사의 직업에는 성공 가능성이 높은 직업체질이다.

## 유라의 선천직업적성검사 결과

아나운서, 연예인, 사진작가, 통역사, 상품개발전문가, 카피라이터, 성악가, 교육자, 보석세공사, 쇼핑호스트, 디자이너, 간호사, 심리상담사, 연주가, 미용예술

선전직업 적성검사를 통해 다양한 분석을 해본 결과 유라는 역시 표현의 자유와 창의력이 요구되는 직업들이 추천되었으며, 예술적인 성향이 강해야 유리한 직업적성임을 알 수 있다.

## 유라의 좌우 뇌 기능분포도

유라의 출생정보로 분석된 좌우 뇌 기능검사 결과에서는 우뇌가 더 발달해 있다. 우뇌는 감정적이며 표현 예술적인 미용학으로 발전할 수 있는 가능성이 높다.

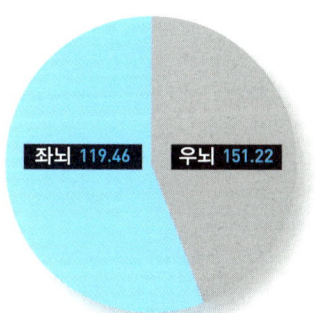

좌뇌 119.46  우뇌 151.22

## 유라의 학습전략과 양육방법

| 유형 | 유라 님의 학습유형은 '흥미유발형' 입니다. |
|------|------------------------------------------|
| 특징 | · 학습의 근원을 호기심에 두므로 다양한 분야에서의 흥미 유발이 중요한 유형입니다.<br>· 외적인 강요에 강한 반발을 보이므로, 스스로의 결정에 맡기는 것이 매우 중요합니다.<br>· 언어 표현력이 매우 뛰어날 뿐 아니라, 응용력과 창의력을 활용한 분야에 우수합니다. |

| 구분 | 학습전략과 양육방법 |
|---|---|
| 학습<br>전략 | · 스스로 정한 학습목표에 책임감을 갖고 도달하겠다는 의지력을 키워야 합니다.<br>· 항상 존중받는 사회인이 되려고 노력하는 정의적인 면도 기르는 것이 좋습니다.<br>· 학습결과가 공적인 활동에 많은 도움이 되기도 한다는 경험을 쌓도록 합니다. |
| 교육<br>방법 | · 선천적성과 흥미를 살려 고유한 특기를 가질 수 있도록 교육합니다.<br>· 집중력을 가지고 자격증 취득을 위해 노력하는 학습이 효과적입니다.<br>· 자기표현 욕구가 강하므로 활동적이고 직접적인 체험학습이 좋습니다.<br>· 매우 주관적이므로 학습의 목적 및 동기유발이 자율적이어야 합니다.<br>· 학습 시에는 특히, 바른 자세와 아울러 안내심을 길러주어야 합니다.<br>· 다른 학생들과 다르게, 개별지도에 의한 학습이 보다 효과적입니다. |
| 인간<br>관계 | · 가끔 말실수를 하기 쉬운 성격이므로 평소에 신뢰를 쌓아두어야 합니다.<br>· 감정변화가 심하지만 가까운 사람에게 더 예의를 갖추도록 가르칩니다.<br>· 타인의 단점을 지적하기보다 장점을 먼저 칭찬하는 습관을 키워줍니다.<br>· 시간 약속을 지키고 단체 법규를 준수하기 위해 노력합니다.<br>· 친화적인 관계를 유지하고 믿음을 주는 태도가 바람직합니다.<br>· 약속은 문서로 남겨 불필요한 언쟁을 피하는 것이 좋습니다. |

| 성공지수를 높이는 추천도서 | |
|---|---|
| 첫째 | 문장을 한마디로 농축하여 전달할 수 있는 잠언집, 윗대의 인생 철학이 담겨 있는 고전이나 위인전 등 지혜와 인내를 키울 수 있는 부류의 도서를 권장합니다. |
| 둘째 | 자신의 삶을 설계하고 꿈꾸게 하는 자기경영 관련서적, 시간관리 능력을 키울 수 있는 시간관리 지침서 부류의 도서를 권장합니다. |

유라를 상담할 당시에는 선천적성검사가 특허프로그램으로 탄생되기 전 연구 준비단계였지만 현 선천적성검사와 비슷한 구상을 바탕으로 학생의 부모에게 방법을 제시했다. 유라를 다른 아이와

비교하여 평가하거나 무조건 공부만 잘해야 한다는 생각을 버려야 하며, 유라는 자율적인 예술성과 표현력이 뛰어난 선천성을 가지고 태어났으니 이런 적성을 특기로 삼아야 성공한다고 조언했다.

따라서 구체적인 유라의 교육방법은 하루빨리 유라를 실업고로 전학시켜 헤어디자인 공부를 시키는 게 가장 좋을 것임을 제언했다. 나의 제언에 유라의 부모는 난색을 표했다. 그래도 인문고를 졸업해야 나중에 대학에 진학할 수 있는 명분이라도 있을 텐데 실업계로 보내라니 그렇게는 못하겠다고 했다. 부모님의 이런 반응을 이미 예상했기에 나는 부모의 반응에 개의치 않고 오로지 유라의 입장에서 유라가 잘될 수 있는 방법만 얘기했다. 유라가 비록 공부하는 기술은 없지만 자신만의 소질을 계발하면 충분히 성공할 수 있음을 비슷한 성공사례를 들려주며 부모를 설득했다. 사람들은 저마다 행복을 찾는 방향과 방법이 다르며, 행복 만족도도 모두 다 다르다는 것을 부모도 알기를 바랐다.

유라의 부모는 조용히 듣기만 하다가 돌아갔고 그 뒤 한 달쯤 지나서 다시 연락이 왔다. 그날 내가 진심으로 유라의 장래를 위해 말해주었음을 인정하고 너무 감사하며, 말한 대로 유라를 실업계 고등학교로 전학시켰다는 반가운 소식이었다. 그렇게 그 부모를 통해 유라의 궤적을 계속 추적할 수 있었다. 유라는 새벽같이 학교에 가서 실습실을 청소하고 헤어 실기연습을 하며 너무나 재미있어 했다. 교내 미용대회에서 상도 타오고 자격증도 따고 꼴찌를 하던 성적도 상위권이 되었다. 어느덧 유라는 우수한 성적으로 고등학교를 졸업하게 되었다.

어느 날 유라가 미용실을 차려달라고 하는데 어찌하면 좋겠냐고 또 고민을 상담하여 왔다. 나는 "정 미용실을 차리고 싶으면 한국에서 세 손가락 안에 드는 유명한 미용아티스트의 미용실에 가서 1년을 버티면 차려주겠다."고 말하라고 했다. 아이는 어머니의 제안에 순순히 응하며 미용실을 차릴 욕심에 유명 미용사의 미용실에 들어가서 청소부터 모든 과정을 꿋꿋이 버티고 나왔다. 그 뒤 어머니는 유라에게 약속대로 아파트 단지와 단독주택 단지의 경계 상가권에 미용실을 차려주었고 미용실은 성공적이었다.

유라는 미용실 개업 후 6개월이 지날 쯤 미용실 원장 모임에 나갔다가 학력에 콤플렉스를 느껴 다음해 바로 전문대 미용학과에 진학했고, 졸업 후 학점은행제를 통해 학사를 받았다. 그런데 일이 잘 되려고 그랬는지 유라가 다녔던 대학교 대학원에 미용학과가 개설되었으며, 그녀는 그곳에 진학하여 미용학 석사학위까지 받았다. 뿐만 아니라 대학의 사회교육원은 물론 학점은행제 대학원 과정에 미용학과가 경쟁하듯 개설되면서 미용의 실기와 이론을 겸비하고 석사학위를 취득한 그녀는 여러 대학에서 초빙 1순위가 되었다.

그렇게 꼴찌이자 불량학생이었던 유라는 지금 명강의를 하는 대학의 교수님이 되어 있다. 그녀의 부모는 지금도 꿈만 같다며 나를 볼 때마다 은인이라고 감사해한다. 사실 나는 그 당시 선천적성을 발현하기에만 목말랐던 불량학생의 타고난 선천적성을 분석해준 것이 전부였다.

# 03 파티세가 되기 위해 유학을 간 채은이

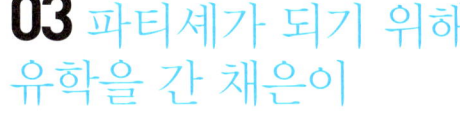

채은이는 부모님의 외동딸로 너무나 애지중지하게 자랐다. 그런데 다행인 것은 채은이 어머니의 열린 사고 덕분에 채은이는 자유롭게 자신이 하고 싶은 것을 할 수 있었다.

채은이는 일찍부터 창의력을 발휘할 수 있는 제빵기술을 익혔고 실업계 고등학교에도 진학했다. 집안 행사만 있으면 모두들 채은이에게 재미난 것을 한다고 한껏 추켜세웠지만 뒤돌아서서는 하나밖에 없는 딸을 공부는 안 시키고 빵 만드는 법이나 배우게 한다며 혀를 찼다. 그럴수록 채은이는 자신의 타고난 경쟁지능으로 남들보다 지지 않으려는 노력을 했다.

자신이 하고 싶은 것을 하게 된 채은이는 하고 싶은 일을 더 잘하기 위한 체계적인 공부를 해야겠다는 생각이 들었다. 채은이는 선천적으로 표현지능을 타고나 새로운 일이 무조건 좋았고 그중에서도 빵 만드는 것이 너무나 좋았다.

때마침 드라마 〈내 이름은 김삼순〉에서 '파티세(pâtissier)' 라는 직업이 멋진 직업으로 부상하면서 친구들도 부러워하게 되었다. 채은 이는 어릴 적부터 꿈꿔왔던 파티셰가 되기 위해 유학길에 올랐고 모든 친척들은 부러워했다. 결국은 잘하는 일을 하다 보니 그 분야 의 전문가가 되었고 채은이 앞에는 신나는 인생이 펼쳐졌다.

## 채은이의 선천지능검사 결과

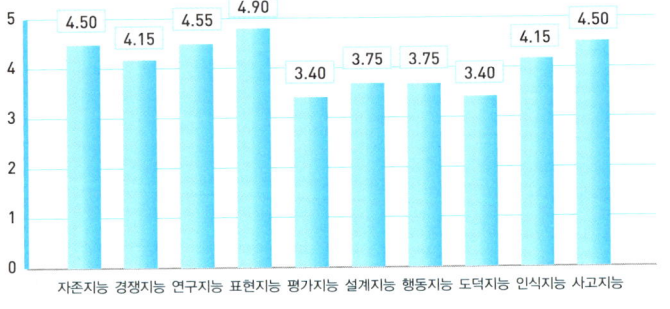

채은이의 출생정보로 분석된 선천지능 분포

출생정보로 분석된 선천적성을 살펴보니 채은이는 사고지능 및 인식지능이 약해서 암기공부에 약점이 있는 것으로 드러났다. 반면 에 표현지능은 상당히 높은 것으로 나타났다. 새롭고 창조적인 예 술성이 강하여 틀에 박힌 것에 싫증을 느끼고 흥미 없어하는 스타 일이었다. 따라서 채은이는 자기 생각대로 행동하고 자신만의 독특 한 언행과 창조성이 강한 아이로 드러났다. 선천지능 분포도에 따 르면 채은이는 꾸준하게 학과공부에만 매달리는 게 적성에 맞지 않 는 아이로 나타났다.

## 채은이의 타고난 직업 스타일

| 표현지능 | 발명가<br>스타일 | · 응용력과 창의성이 발휘되는 활동<br>· 사람들을 설득하는 활동<br>· 변화와 혁신을 주도하는 활동 |
|---|---|---|

채은이의 직업 스타일은 표현의 자유가 보장되고 창조능력을 활용해야 하는 발명가 스타일이다. 요리사로서의 예술적 감각과 창의력이 활용될 수 있는 적성이다.

## 채은이의 학과적성검사 결과

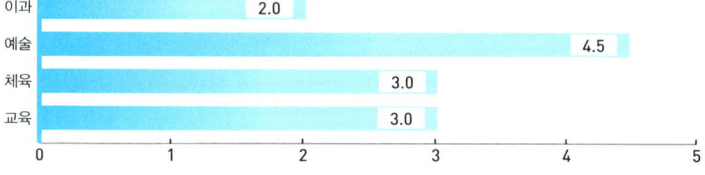

채은이의 출생정보로 분석된 학과적성 분포

채은이의 학과적성 검사에서 보듯 다른 학과적성에 비하여 예술계열의 적성이 매우 높음을 알 수 있다. 예술계열은 선천지능의 표현지능과 연구지능과의 관계이므로 창의력이나 창작능력도 우수하다고 볼 수 있다.

## 채은이의 직업선택 위험감수수준검사 결과

채은이는 선천적으로 위험을 감수하는 수준이 보통 이상임으로 자기 스스로 결과를 내고 그 결과에 대한 만족도에 따른 성취감을 즐기는 성향이다. 따라서 창조적이고 주관적성이 개입된 일과 인센티브가 주어지는 업무에 적합하다. (아래 표 참조)

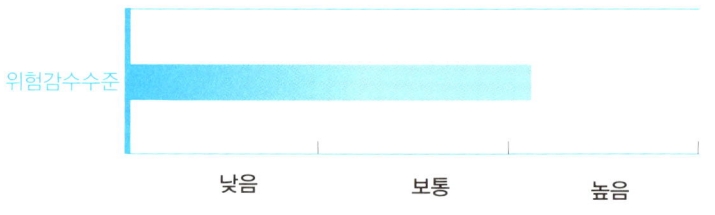

직업선택 위험감수수준검사 결과

## 채은이의 직업체질유형검사 결과

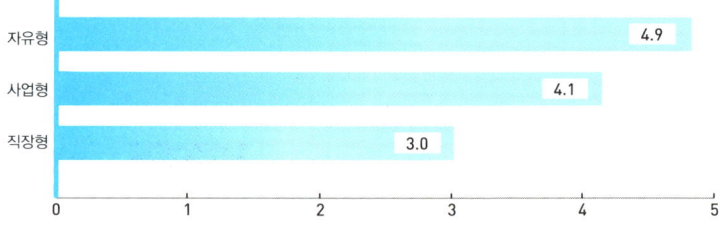

채은이의 출생정보로 분석된 직업유형 분포

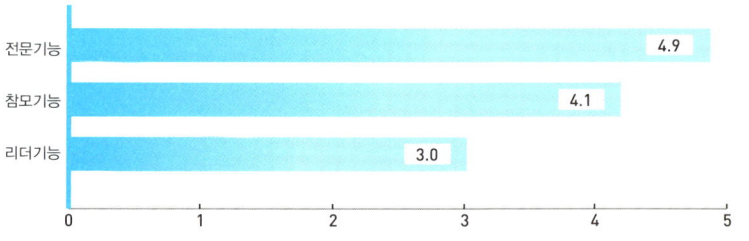

채은이의 출생정보로 분석된 업무수행기능 분포

위의 분석표에 따라 채은이의 직업을 분석해보면 직업유형은 자유형이며, 전문기능의 업무기능이 적합한 직업체질이므로 얽매이지 않고 창의력을 바탕으로 하는 직업이 적합하다. 선천지능점수 분포와 직업체질의 결과로 볼 때 소망하는 파티셰에 적합하여 성공확률이 매우 높다.

### 채은이의 선천직업적성검사 결과

생명과학자, 변호사, 임베디드 공학자, 요리사, 홍보광고전문가, 작가, 화가, 연예인, 한의사, 수의사, 디자이너, 프로듀서, 변리사, 방송기자

### 채은의 좌우 뇌 기능분포도

좌우 뇌 기능검사에서는 직감적이고 성적인 동시에 충동적인 채은이는 우뇌의 기능이 높은 결과를 나타냈다.

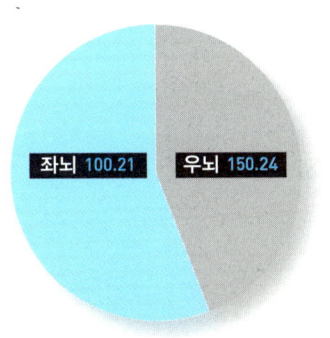

좌뇌 100.21    우뇌 150.24

# 04 말썽꾸러기 윤덕이도 선천적성을 찾아 연구원이 되었다!

윤덕이는 어려서부터 워낙 산만하고 극성맞아서 어디를 가든 미움을 받기 일쑤였다. 네 살 때부터 뭐든 손에만 닿으면 분해하고, 부수고 뜯어, 남아나는 것이 없었었다. 남의 집 장난감을 분해시켜 물어주기도 여러 차례라고 한다. 중학교 2학년 때는 길거리에 세워둔 자전거를 분해하다가 경찰서까지 간 적도 있다고 한다. 그러니 늘 부모님께 꾸지람을 듣는 게 일수였다.

중학교 3학년이 되자 부모는 그런 윤덕이의 미래가 걱정되어 필자에게 진학문제를 상담하러 왔었다. 당시 윤덕이의 사주로 본 선천적성이 학과적성은 이공계로 나왔다. 직업체질이 직장유형이며 전문기술을 활용하는 구조로 판단했다. 필자는 윤덕이의 부모에게 윤덕이의 손재주나 관찰력을 활용할 수 있는 환경을 제공해주고 이공계로 진로를 안내하도록 진로지도를 해주었다.

그 뒤 공고를 진학한 윤덕이는 학교생활에 잘 적응하였으며 성적도 좋아 전문대학 공학과로 진학할 수 있었다. 전문대학에서 더욱 자신의 타고난 적성을 발휘할 수 있게 되자 다시 서울의 H대학교 전자공학과에 편입하는 놀라운 성과를 냈다. 그 뒤 군대에 다녀오고 외국 어학연수까지 다녀와 중견기업의 기술연구원으로 취직하여 근무하고 있다.

윤덕이의 부모는 그 당시 불량하고 미래가 없어 보이던 우리 아이가 선생님께 진로지도를 받게 된 것은 천운이라며 늘 감사해한다. 필자는 단지 윤덕이의 타고난 선천적성을 말해주었을 뿐이었는데, 윤덕이는 결국 자신의 선천적성을 찾아감으로서 의젓한 사회인이 되어 있는 것을 보고 다시 한 번 선천적성의 중요성을 느끼게 되었다.

### 윤덕이의 선천지능검사 결과

윤덕이의 출생정보로 분석된 선천지능 분포

출생정보로 분석된 선천적성을 살펴보니 윤덕이는 행동지능과 인식지능이 높으며 연구지능이 이러한 기질들을 잘 조화시켜 자신만의 세계를 잘 구축하고 있는 구조였다. 한 가지에 몰두하여 자신만의 노하우와 기술력을 가지게 되는 선천지능이 잘 발휘된 것이다.

### 윤덕이의 타고난 직업 스타일

| 연구지능 | 연구가 스타일 | · 한 가지에 오랜 시간 집중하는 탐구활동<br>· 스스로 제작하고 만들어내는 활동<br>· 언어능력을 활용하는 서비스 활동 |
|---|---|---|

윤덕이의 직업 스타일은 연구가 스타일로 한 가지에 오랜 시간 집중하여 스스로 제작하고 만들어내는 능력이 탁월함을 알 수 있다.

### 윤덕이의 학과적성검사 결과

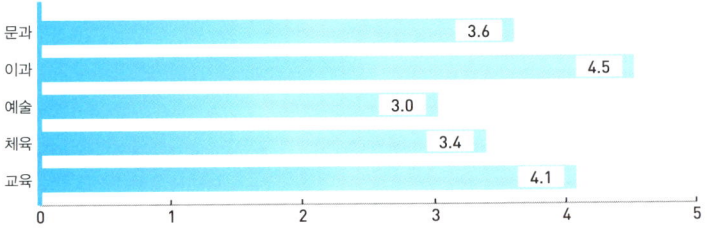

윤덕이의 학과적성검사 결과에서는 이과 성향이 가장 높게 나타났음을 알 수 있다. 결국 자신의 적성대로 진로를 선택할 수 있었고, 진학에 대한 놀라운 결과를 얻게 된 것이다.

### 윤덕이의 직업선택 위험감수수준검사 결과

윤덕이는 위험감수수준이 보통 수준의 범위에서는 높은 편이다. 그러므로 스스로 모든 결과를 책임지는 업무보다는 창의성은 충분

히 발휘하되 주어진 프로그램에 따른 업무 등을 충실하게 수행하는
업무에 적합하다.

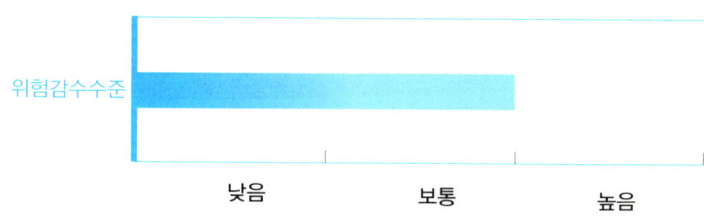

직업선택 위험감수수준검사 결과

## 윤덕이의 직업체질 유형검사 결과

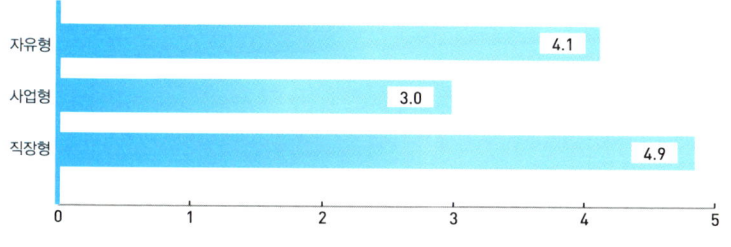

윤덕이의 출생정보로 분석된 직업유형 적응도 분석

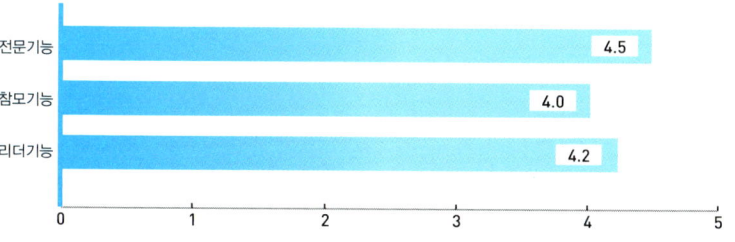

윤덕이의 출생정보로 분석된 업무기능 분포도

앞의 분석표에 따라 윤덕이의 직업을 분석해보면 직업유형은 직

238  놀라운 선천지능

장형이며 업무수행기능은 전문기능이 우수하여 수직관계의 잘 적응하는 직업유형이며, 조직력과 전문지식 능력을 바탕으로 우수한 기술력과 서비스를 활용하는 업무수행력이 우수하다.

### 윤덕이의 선천직업적성검사 결과

공안직 공무원, 한의사, 교육자, 연구원, 모바일프로그램전문가, 지능형로봇전문가, 펀드매니저, 투자상담사, 건축기술자, 은행원, 해양바이오전문가, 통역사, 신문기자, 태양에너지전문가

### 윤덕이의 좌우 뇌 기능분포도

좌우 뇌 기능검사에서는 윤덕이는 죄뇌형으로 사실적이며 현실적이고 구조적이다. 그리고 언어적 학습과 추리력을 발휘하는 수학학습에 유리하다.

좌뇌 120.19  우뇌 99.92

놀라운
선천지능

사주명리학과 학문의 융합

선천적성검사 AAT의 항목

PART

5

선천적성
검사

현재 대부분의 적성검사는 서양에서 개발된 도구에 의존하고 있다.
그런데 기존의 검사 도구는
글 읽기 등 어느 정도 인지능력을 갖추어야 검사가 가능하다.
그것도 본인에게 물어보는 것과 별반 다르지 않다.
즉, 자기보고식이다.
자기보고식은 진정한 자신이 아니라
부모나 환경에 의해 만들어진 자신에 대한 바람이
체크되는 수가 많다는 단점이 있다.
선천적성검사 AAT는 출생정보만으로
갓난아기의 적성도 알아낼 수 있다.
당신의 사랑스런 아기를 0세부터
선천적성을 찾아 한 분야의 천재로 키워야 한다.

# 1장

# 사주명리학과
# 학문의 융합

# 01 선천적성검사 AAT의 탄생 배경

사랑하는 내 아이가 놀라운 선천지능을 가졌어도 갈고닦아야 멋진 천재성이 발휘된다. 마찬가지로 아무리 훌륭한 학문이라도 시대의 흐름을 읽어 학문의 발전을 도모하고, 학문융합의 시대에 맞춰 주변 학문의 장점을 받아들여야 한다. 학문을 익히는 사람은 그 학문의 최대의 장점을 살려 홍익인간(弘益人間)의 정신에 입각한 봉사와 책임의식을 가져야 한다.

이러한 생각으로 탄생된 것이 선천적성검사 AAT(Apriority Aptitude Test)이다. 사주명리학은 오랜 시간 동안 우리 민족의 상담 이론으로 활용된 이론이었으나 학문적 발전과 현대화, 과학화라는 과업의 성취가 미비했다. 이런 전철을 더 이상 밟지 않기 위해 필자는 명리학을 연구하는 학자로서 책임의식을 가지고 끊임없는 연구에 매진했고, 학문적 객관성과 대중성을 확보하기 위해 본 적성검사를 개발하게 되었다. 이것은 정확성과 신뢰도를 기반으로 계량화한 활용성에 중점을 둔 것이다.

244 놀라운 선천시능

저서로서 명리학 일반 이론에 대한 저술도 있지만 《사주심리치료학》을 시작으로 과학명리와 현대명리의 기반을 확고히 하고자 하였고, 《사주심리와 인간경영》을 통하여 보다 새로운 명리학의 학문적 융합을 시도하였다. 또한 《명리직업상담론》은 선천적성검사 AAT의 이론적 배경을 확실하게 밝히고 있으며, 명리를 통한 직업상담에 대한 새로운 모형을 제시하여 본 검사가 활용되는 실제를 제시하였다.

선천적성검사의 최대의 강점은 현재 많은 사람들이 절실하게 원하는 '나는 무엇을 해서 생활을 영위하고 행복할까'의 질문에 가장 정확한 정보를 제공해줄 수 있다는 점이다. 그것도 갓 태어난 아기에서부터 성인에 이르기까지 출생정보만으로 검사가 가능하다는 것이다.

## 선천적성검사 AAT의 장점

'나는 무엇을 해서 먹고사나?' 라는 질문에 대한 명쾌한 답변이 가능하며 출생정보만으로 누구나 검사가능하다.

나는 이를 위해 심리학, 다중지능 이론, 직업학, 교육학 이론과의 융합을 시도하고 각 이론의 장점을 최대한 수용하여 선천적성검사 AAT의 완성도를 높였다. 음양오행 이론에 기초한 싱격론은 심리학 이론을 수용하였다.

선천지능 이론은 하워드 가드너 박사의 다중지능 이론과의 유사성이 발견되어 이를 수용하여 장점을 활용하였다. 적성검사에 있어서 본 학문의 장점과 새롭게 창출된 이론을 직업학 이론에 활용하여 적용도를 높였다. 적성검사의 목적 중 하나가 자녀의 적성을 발견하고 올바른 양육방법과 교육방법을 제공하는 것이다. 이를 위해 교육학 이론을 수용하여 활용하였다.

학문을 연구하는 학자가 이론적 연구만 한다면 그야말로 탁상공론(卓上空論)에 그칠 뿐이다. 모든 학문은 '널리 인간세계를 이롭게 한다는 우리나라의 건국 이념을 말하지 않더라도 인류 발전에 이바지할 수 있는 노력을 해야 하며 실제적인 도움을 줄 수 있어야 한다.

그런 취지를 마음에 새기고 가장 큰 효용성과 신뢰성을 지닌 적성검사 도구를 개발하고자 하였고, 이것이 바로 선천적성검사 AAT의 탄생 배경이다.

## 02 학문의 융합과 현대 과학명리의 결정체

현대사회는 한 가지의 학문적 잣대만으로 모든 것을 설명하기 어렵다. 다양한 시각에서의 해석과 설명이 필수적이며 이를 통해 더욱 미래지향적인 안목이 가미되면 보다 창의적인 아이템들이 개발된다. 선천적성검사 AAT도 그러한 개념으로 파악할 수 있다.

미래학자들이 말하는 학문의 융합시대는 이미 학계와 우리 사회의 전반에 걸쳐 진행이 되고 있다. 사회가 복잡해질수록 사람들의 요구가 더욱 다양해지고 모든 학문이 한 가지로만 해석되지 않는 시대가 왔다. 명리학도 과거와 같은 방식을 탈피하여 새로운 학문적 융합을 시도하고 있다.

엘빈 토플러는 《부의 미래》에서 지식의 특징을 정리하여 제시하였다. 여기서의 '지식'이란 과거 농지나 공장의 작업라인처럼 누군가가 점유하면 공유가 불가능한 부의 창출 시스템과는 달리, 동시에 점유가 가능하고 형태가 없으며 기존의 경제학으로는 설명이 안되는 새로운 부의 창출 원리로써의 지식이다. 그중에서 학문의 융합과 관련된 내용은 다음과 같다.

> 지식은 관계적이다.
> 지식은 다른 지식과 어우러진다.

여기서 지식이 관계적이라는 것은 개별적인 지식의 조각은 다른 조각들과 나란히 이어져야 비로소 지식의 축적이 가능하다는 의미이다. 두 번째의 말은 지식이 많을수록 보다 무차별적인 혼합이 가능하고 무수하고도 다양한 쓸모 있는 결합이 이루어진다는 의미이다. 엘빈 토플러가 설명한 지식의 특징에서도 알 수 있듯이 미래의 모든 학문은 융합과 서로의 관계 속에서 발전하게 될 것이다.

### 명리학의 학문적 융합의 결과

| 기 존 | 융합된 학문 | 결과 |
|---|---|---|
| 명리학 | 교육학, 직업정보, 심리학, 상담심리, 천문학, 통계학 | 선천적성검사 AAT 탄생 |

명리의 테두리 안에서 명리로만 이야기하던 시대는 이미 끝났다. 즉 아직도 명리 속의 명리라는 비법을 찾아 상담하고 있는 학자가 있다면 명리를 통한 그의 미래는 없을 것이다.

엘빈 토플러가 말하는 새로운 부의 창출의 기반인 지식과 학문의 세계는, 자기 안에서의 심도 있는 고민과 발전을 기반으로 지식의 전반적인 흐름에 민감해야 하며 타학문과의 끊임없는 융합이 있어야 미래 사회를 설명해줄 수 있다는 것이다.

미래 사회는 정해진 규칙대로 변화하는 사회가 아니다. 물리적인 변화만을 기대한다면 화학적 변화에 대한 설명은 전혀 할 수가 없다는 것이다. 고인 물은 스스로 썩어 자멸한다. 물은 흘러야 하고 넓은 바다로 가야 하듯이 모든 학문은 더 넓은 세계로 나가야 하는 것이다. 명리학은 그 넓은 세계로의 출발을 시작했다.

# 03 선천적성검사 AAT는 특허받은 적성검사다

필자는 2002년 경기대학교 문화예술대학원에 '동양철학과 명리' 전공 석사과정을 개설하였고 2005년 국제문화대학원대학교에 '미래명리문화교육' 전공 석사과정을 개설하여 7년간 교육과 연구를 해왔다. 그 결과 명리 이론을 활용한 적성검사 도구 개발에 성공하여 발명특허를 취득하였다. 나는 이 선천적성검사 AAT를 시행하면서 어린 아이를 키우는 대한민국의 엄마들에게 간절하게 다음과 같은 말을 하고 싶다.

선천적성을 찾아 아이를 한 분야의 천재로 키워라.
자녀를 성공시키려면 0세부터 준비하라.

선천적성검사 AAT는 태어나는 바로 그 순간부터 적성검사가 가능하다. 0세부터 성공을 위한 준비가 가능하다. 0세부터 옷을 입혀도 머리가 좋아지는 색의 옷을 입힐 수 있는 정보를 준다. 색채심리학은 인간의 마음을 움직이는 색에 대한 연구를 상당 부분 진전시켰다. 분명히 사람마다 좋은 영향을 주는 색이 있다.

선천적성검사를 하고 나면 부모가 아이에게 장난감을 하나 사주더라도 아이의 선천적성을 계발시킬 수 있는 것을 사주게 된다. 성공한 화가의 기억엔 어릴 적 눈부시게 아름다운 크레파스의 색에 매혹된 경험이 있거나 벽에 낙서하면서 황홀한 흥분을 경험하며 자랐을 수도 있다. 존경받는 작가는 어릴 적 물어뜯고 놀던 책이 장난

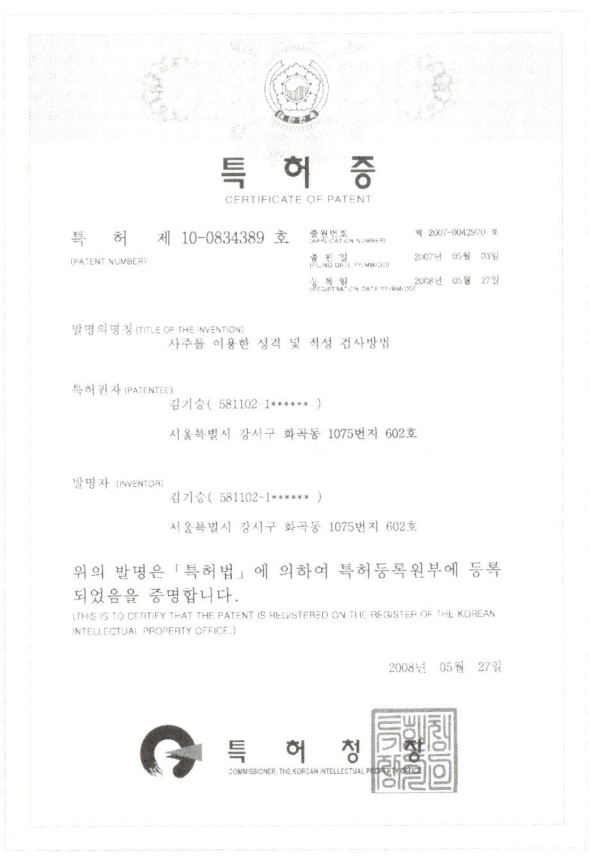

감이 되고 많은 글을 읽어 책에 익숙해진 결과 멋진 책을 썼을 수도 있다.

남과 같아서는 남보다 나을 수 없다.

생각은 행동을 변화시키고 행동은 우리의 인생을 이룬다. 서양에서 개발된 검사 도구를 능가할 수 있는 적성검사 도구가 개발될 수 있다는 생각이 오늘날의 선천적성검사 AAT를 개발하게 하였다.

현재 대부분의 적성검사는 서양에서 개발된 도구에 의존하고 있다. 그런데 기존의 검사 도구는 글 읽기 등 어느 정도 인지능력을 갖추어야 검사가 가능하다. 그것도 본인에게 물어보는 것과 별반 다르지 않다. 즉, 자기보고식이다. 자기보고식은 진정한 자신이 아니라 부모나 환경에 의해 만들어진 자신에 대한 바람이 체크되는 수가 많다는 단점이 있다.

선천적성검사 AAT는 출생정보만으로 갓난아기의 적성도 알아낼 수 있다. 당신의 사랑스런 아기를 0세부터 선천적성을 찾아 한 분야의 천재로 키워야 한다.

이 위대한 우주유전자(출생정보=사주)의 블루칩을
과학적으로 분석하여 0세부터 자신의 미래에
올바른 진로적성을 찾아 성공의 길로 인도하는 것이
바로 선천적성검사 AAT(Apriority Aplitude Test)다.

# 2장

# 선천적성검사
# AAT의 항목

출생정보는 과학적인 인간정보 자료분석이 가능하다. 정확한 데이터를 통하여 내검자에게 보여줄 수 있는 검사결과 항목은 매우 다양하며 앞에서 설명한 대로 기존의 검사와 분명한 차별화를 선언한다. 각 검사항목별 검사결과는 선천적성검사 AAT 홈페이지 (http://www.aatest.co.kr)의 샘플을 통해 확인이 가능하다.

대부분의 청소년들의 장래희망은 자주 접하는 선생님, 항상 TV에서 만나는 연예인이다. 한국고용정보원의 2008년 보도자료에 의하면 장래희망에 대한 설문조사에서 '장래 희망직업이 있다.' 고 응답한 경우는 초·중·고학생 3,051명 중에서 초등생 88.8%, 중학생 65.6%, 고교생 67.7%가 장래 희망직업이 있다고 답해, 나이가 들면서 장래희망이 없다고 답한 경우가 많았다.

장래 희망직업이 없다고 답한 학생들은 그 이유로, '내게 맞는 장래 희망직업을 아직 찾지 못해서' 가 32.7%로 가장 많았고, '무엇을 잘할 수 있을지 몰라서'(23.5%), '내가 어떤 일을 좋아하는지 몰라서'(18.1%) 등이 뒤를 이었다. 이는 학생들이 가지고 있는 직업정보가 제한적이고, 자신에 대한 이해가 부족하며 진로관련 정체성에 대한 혼란을 경험하고 있기 때문인 것으로 볼 수 있다. 이러한 문제는 자기 이해를 위한 정보와 다양한 직업탐색 정보를 동시에 제공하려고 노력해야 해결할 수 있다.

다음은 검사항목에 대한 소개이다. 선천적성검사 AAT는 세부적인 검사결과를 보여주기 이전에 전반적인 소개글과 활용법이 소개되며 전체 검사에 대한 요약보고서가 먼저 제시된다. 또한 앞에서 자세하게 소개한 직업적성검사를 위한 선천지능검사, 직업적성 트라이앵글, 직업체질검사, 위험감수수준, 뇌 기능분화검사, 학과적성, 1차 · 2차 추천직업군, 성격검사, 학습유형과 양육방법 · 교육방법, 지능계발을 위한 현장체험 학습장소 추천, 직업능력 계발을 위한 활동, 생애주기별 진로변화 등의 검사결과가 제시된다.

# 01 선천적성 검사란

선천적성검사란 인간이 출생과 함께 타고나는 유전적인 적성을 검사한다는 것이다. 흔히 '세 살 버릇 여든까지 간다.'는 속담은 타고난 성격과 특기는 변하지 않는다는 말이다.

그러므로 선천적인 적성을 조기에 찾을 수 있다면 자신에게 가장 성공 가능성이 높은 적성을 찾아 양육시기에서부터 계발할 수 있다.

아기는 모태로부터 출생하는 동시에 우주에서 맴도는 강력한 기를 체내에 호흡하고 또 미숙한 육신은 그 강력한 천체의 영향으로부터 존재할 수 있는 적응력이 형성된다. 당시 우주에 형성되고 있던 기의 분포가 개인별 출생 연월일시(사주)인 출생정보로 남겨지게 되며 그 출생정보는 바로 음양오행의 분포로 우주가 한 인간에게 내린 유전자가 되는 것이다.

우주의 기란 음을 상징하는 달과, 양을 상징하는 태양이 지구에 영향을 미치는 것을 당연히 인정하듯 천체 내 수성·금성·화성·목성·토성의 오행성은 지구 가까이에서 인간의 출생과 삶의 여정에 직접적인 영향을 미치는 것을 말한다.

이와 같이 개인은 각각의 독특한 우주유전자를 받기 때문에 부모를 닮았다지만 부모와 다른 아이만의 고유한 성격과 적성 및 놀라운 선천지능이 형성된다.

이 위대한 우주유전자(출생정보=사주)의 블루칩을 과학적으로 분석하여 0세부터 자신의 미래에 올바른 진로적성을 찾아 성공의 길로 인도하는 것이 바로 선천적성검사 AAT(Apriority Aptitude Test)다.

# 02 선천적성과 진로탐색

선천적성은 자신이 가지고 태어난 적성이므로 변하는 것이 아니다. 그러나 자라온 환경과 개인적 경험에 따라 계발 정도는 사람마다 다르다. 자신에게 적합한 진로와 직업을 찾으려면 어떻게 하는 것이 좋을까? 선천적성과 진로탐색은 다음과 같은 과정이 필요하다.

### 선천적섬검사 조기에 받기

0세부터 직업적성을 알 수 있는 유일한 검사인 선천적성검사는 한 사람의 타고난 적성에 대한 정보를 제공한다. 누구나 10,000시간을 집중하여 투자하면 전문가가 될 수 있다. 일찍 발견하는 것이 성공으로 가는 지름길이다.

### 선천적성 계발과 진로정보 수집

아무리 원석이 훌륭해도 갈고닦아야 귀한 보석이 된다. 선천적성을 계발하기 위한 교육방법을 참고로 하여 우수한 지능을 계발시켜야 한다. 변화가 일상화된 사회에서 현존하는 직업과 추천직업을 참고로 하여 다양한 진로정보를 수집하려는 노력이 중요하다.

## 진로선택과 평가하기

미래 사회는 진로선택이 지속적으로 이루어지는 특징이 있다. 즉, 한 사람이 일생 동안 여러 개의 직업을 가지게 되는데, 지속적인 진로 평가와 진로계획 그리고 진로선택이라는 일련의 과정이 잘 이루어지도록 준비하고, 노력해야 한다. 그러기 위해서는 최초선천적성검사 이후 추후 상담에서 시기별로 주어지는 대운(5년 주기로 바뀌는 환경적·심리적 변화를 담당)의 변화를 잘 분석하고 상담받아 준비하고 활용해야 한다.

## 자아 실현과 행복 추구

직업활동을 포함한 인간활동은 근본적으로 자아 실현과 행복을 추구하고 있다. 자신의 직업체질에 맞는 진로선택과 선천적인 적성을 살리는 직업활동이야말로 자아 실현과 행복 추구의 근원이 되어 줄 것이다. 그러므로 우주의 질서는 천체 운행과 더불어 인간의 삶에도 하나의 질서를 부여하고 있는 것이다.

# 03 선천적성검사의 올바른 활용

선천적성은 작품의 재료이고 직업은 작품이다. 재료가 활용되는 범위는 어느 정도 정해지지만 그 재료를 예술가가 얼마나 다양하게 이용하는가에 따라 작품은 너무나 다양하게 제작된다.

### 요약보고서 100% 활용하기

AAT 선천적성검사요약보고서는 중요한 검사결과를 한눈에 볼 수도 있고, 필요한 부분을 찾을 때에도 유용하게 활용이 가능하다.

### 선천적성과 직업

성격과 지능으로 선천적성을 충분히 살펴보고, 추천직업을 참고로 더 다양한 직업을 탐색해야 한다.

### 완벽한 적성 탐색을 하려면?

선천적성검사 AAT는 선천적으로 타고난 적성에 대한 검사이므

로 후천적인 면을 고려하여 상담을 받으면 더욱 완벽한 적성 탐색
이 가능하다.

## 지속적 상담자료로써 활용

선천적성검사로 직업적성을 상담받은 이후 생애주기별로 시기
적, 환경적 요인에 의한 변동을 고려한 상담자료로 계속 활용하여
인생을 멋지게 디자인하길 바란다.

# 04 선천적성검사 결과에 대한 조언

- 표지 2쪽
- 보고서 해석 4쪽
- 검사결과물
  성인 15쪽, 어린이 17쪽(변경될 수 있음)

## 요약보고서

– 전체 검사 중에서 주요내용 정리 및 세부항목 소개

쪽번호와 검사항목에 따른 세부항목이 일목요연하게 소개되어 있다. 주요 검사내용이 요약되어 있어 필요한 내용을 찾는 경우에 요긴하게 활용이 가능하다.

## 선천지능검사

– 점수분포도 및 지능의 특징과 활용소개

| 선천지능검사 |
| --- |
| · 선천지능 분포도 : 열 개의 선천다중지능의 개인별 점수분포도 차트 제공<br>· 선천지능의 설명 : 선천다중지능의 특징 설명<br>· 선천지능의 활용 : 각 지능의 직업 스타일과 선호활동 안내 |

• 선천지능 분포도 : 자신의 강점지능과 약점지능을 살펴보고 각 지능의 기능과 활용에 대하여 자세한 설명을 볼 수 있다.

• 선천지능 설명과 활용 : 각 선천지능은 선천다중지능으로 이해될 수 있다. 대표적인 직업 스타일로 명칭을 정하여 지능에 대한 이해도를 높이고 선호하는 활동을 소개하여 자신의 강점지능과 약점지능에 대하여 심층적인 이해를 돕는다.

## 학과적성검사

### – 각 계열별 적합한 학과소개

| 학과적성검사 |
| --- |
| · 학과계열 적성분포도 : 학과계열 적성 점수분포도 차트 제공<br>· 계열별 적합한 추천학과 : 문과, 이과, 예체능 계열별 추천학과 안내<br>· 교육자 적합도 : 교육자로서의 적합도를 %로 안내 |

적합한 학과계열을 소개하고 각 계열별 적합한 학과를 소개하여 선택의 폭을 다양하게 제공하고 있다. 전공과 별도로 교육자로서 적합도를 소개하고 있다.

## 직업선택 위험감수수준검사

### – 성격과 직업선택의 세부적 관련성에 주목

| 직업선택 위험감수수준검사 |
| --- |
| · 직업선택 위험감수수준검사 결과 : 검사결과 낮음, 보통, 높음으로 구분하여 결과 제공<br>· 검사결과의 해석과 활용 : 위험감수수준과 선호활동과의 관계 안내 |

소질 이싱으로 직업적성에 영향을 주는 성격적인 면인 위험감수수준을 검사하여 심층적인 정보를 제공하고 있다.

## 직업체질검사

### – 직업유형검사, 업무수행기능검사 및 활용법 소개

| 직업체질유형검사 |
| --- |
| · 직업유형검사 결과 : 직장형, 사업형, 자유형에 대한 차트 제공<br>· 업무수행기능검사 결과 : 리더기능, 참모기능, 전문기능에 대한 차트 제공<br>· 직업체질유형 : 직업유형과 업무수행기능의 검사결과 종합<br>· 직업유형의 활용 : 직업유형의 구체적 활용과 선호활동 안내<br>· 업무수행기능의 활용 : 업무수행기능의 구체적 활용과 선호활동 안내 |

직장형, 사업형, 자유형으로 구분되는 직업유형과 리더기능, 참모기능, 전문기능으로 구분되는 업무수행기능검사 결과에 구체적인 활용에 대한 설명으로 직업체질에 대한 검사이다.

## 직업적성검사

### – 적성검사 트라이앵글에 따른 1, 2차 직업군 소개

| 선천직업 적성검사 |
| --- |
| · 타고난 직업성분 탐색 : 적성검사 트라이앵글 분석<br>· 1차 추천직업군 : 대표적인 추천직업 안내<br>· 2차 추천직업군 : 1차 직업군을 참고로 하여 탐색한 2차 직업군 안내 |

직업적성 트라이앵글에 해당되는 목표지향성, 흥미우수성, 활용가치성에 대한 개인별 설명 문구와 함께, 직업적성 트라이앵글에 의한 조합이 이루어내는 1차 직업군과 선택의 폭을 넓히기 위한 2차 직업군으로 분류하여 적합한 직업을 추천해주고 있다.

## 성격검사

### – 강점 · 약점 성격의 활용과 보완

| 성격검사 |
| --- |
| · 타입별 설명 : 성격성향, 이변의 성격, 타고난 본성 설명<br>· 대인관계에서의 보완점 : 대인관계에서의 주의점 안내<br>· 성격심리의 활용 : 강점성격의 특징과 활용<br>· 성격심리의 보완 : 약점성격의 특징과 보완 |

심리 및 성격적인 특징과 대인관계에서의 보완점을 소개하고 있으며 강점성격의 긍정적인 활용법과 약점성격의 보완방향을 소개하는 원만한 대인관계를 위한 조언이다.

## 좌우 뇌 기능검사

### – 전뇌형 · 좌뇌형 · 우뇌형 구분

| 좌우 뇌 기능분포도 |
| --- |
| · 좌우 뇌 기능분포도 : 전뇌형, 좌뇌형, 우뇌형의 구분<br>· 뇌분화의 특징 : 뇌분화의 특징과 선호활동 안내 |

좌우 뇌 기능의 분화가 직업활동에 끼치는 영향을 중심으로 소개하여 자신이 단점을 보완하고 장점을 살리도록 조언해주고 있다.

## 학생용

– 학습유형·양육방법·추천도서·지능계발 위한 현장 체험학습 및 활동안내

---

**학습전략과 양육방법(학생용으로만 제공)**

학습유형 – 학습유형 판별
학습전략과 양육방법 – 학습유형에 따른 학습전략과 부모의 양육방법 안내
성공지수를 높이는 추천도서 – 학습유형에 적합한 도서 추천
강점지능을 높이는 현장체험학습 – 강점지능의 계발을 위한 현장체험학습 장소 안내
지능보완을 위한 직업스타일별 활동 – 약점지능의 보완을 위한 활동 안내

---

학생에게만 제공되는 정보로 학습유형을 구분해주고 적합한 학습전략, 교육방법, 인간관계에서의 주의사항 그리고 추천도서를 소개하고 있다. 또한 우수한 선천지능의 계발을 위한 적합한 현장 체험학습 장소에 대한 추천으로 구성된다. 지능의 보완을 위한 구체적인 추천활동과 활동을 통하여 궁극적으로 계발하려고 하는 직업활동에 대하여도 소개하고 있다.

## 생애주기별 진로변화 예측

---

**생애주기 진로변화 예측**

생애주기(Life cycle)의 분석으로 직업활동의 환경적 변화 예측

---

생애주기 변화와 이에 따른 환경적으로 주어지는 진로 변화를 예측해본다.

266 놀라운 선천지능

## 기타 도움이 될 수 있는 사항 모음

| Happy life를 위한 AAT의 조언 |
|---|
| 행운의 숫자 – 행운의 색 – 건강체크 – 당신을 위한 명언 코너 |

실생활에서 활용하면 좋은 정보를 소개한다.

이상과 같이 선천적성검사 AAT의 검사항목과 구체적인 검사결과를 부분적으로 살펴보았다. 여기서 잠시 적성검사를 받으려는 모든 사람들에게 질문할 사항이 있다.

> 첫째, 적성검사를 받기만 하면 성공하는가?
> 둘째, 제대로 된 적성검사에 대하여 생각해 본 적이
> 있는가?

그리고 명심할 일도 있다.

> 첫째, 적성을 알았으면 그것을 위해 노력해야한다.
> 둘째, 제대로 된 적성검사를 찾아서 받아야 한다.

적성검사를 받고도 갈팡질팡하는 사람이 많다. 여기에는 그럴만한 이유가 존재한다. 기존의 자기보고식 질문지법에 의한 적성검사의 단점이 그것이다.

| 기존의 검사 | 선천적성검사 AAT |
|---|---|
| 글을 익혀야 검사 가능,<br>검사과정에 대한 이해도가 필요 | 출생 즉시 누구나 가능 |
| 검사 당일의 심리적, 환경적 변수가<br>검사결과에 영향 | 검사결과에 영향을 주는<br>변수작용이 없음 |
| 검사를 받기 위한<br>개인의 시간적, 정신적 소모가 많음 | 출생정보만으로 가능 |
| 반드시 본인이 직접 검사에 응해야 함 | 출생정보를 활용하므로<br>가족이 의뢰해도 결과는 같음 |
| 검사결과는 검사목적에 따른 내용만 제공 | 출생정보만으로 성격검사, 주관성객관성검사,<br>선천지능검사, 학과적성검사, 직업유형&업무수<br>행기능검사, 직업검사, 학습전략과 양육방법,<br>생애주기 예측 등 다양한 검사결과 제공 |

선천적성검사 AAT의 우수성

자기보고식 질문지법은 우리 아이들이 직접 자신을 기술하는 것에 불과하다. 선천적성검사 AAT와의 비교내용은 위와 같지만 기존의 검사는 다음과 같은 단점이 존재한다.

· 내가 말한 나를 체크해준다.
· 가끔은 부모님이 기대한 나를 기술하기도 한다.
· 문제가 많으면 처음 생각과 나중 생각이 달라진다.
· 힘들면 성의 없이 아무거나 마구 체크하기도 한다.

그러므로 제대로 된, 우리 아이가 잘하는 걸 찾아주는 적성검사

(Aptitude Test)가 필요하다. 평생 먹고살 걱정 없이 잘 먹고 잘사는 걸 하도록 도와주는 적성을 찾아주는 검사를 해야 한다.

타고난 적성! 선천적성!

바로 이 선천적성을 검사해주는 '선천적성검사 AAT'에 그 해답이 있다. 0세부터 검사할 수 있는 검사, 자기보고식을 탈피한 검사, 출생정보만으로 가능한 검사, 우리 아이가 잘 먹고 잘살 수 있는 걸하도록 도와주는 검사가 바로 '선천적성검사 AAT'이다.

세계적 경영 컨설턴트인 톰 피터스(Tom Peters)는 미래를 전망하는 그의 저술에서 여성들의 활약에 대한 내용을 강조하였다. 미래사회는 여성 즉 자녀를 키우는 어머니들의 생각과 결정에 따라 우리 아이들의 미래가 열릴 것이며, 우리나라와 인류 전체의 미래가 열릴 것이다. 놀라운 선천지능은 바로 대한민국의 어머니들에게 자녀를 훌륭하게 키우자는 메시지를 담은 방법이다.

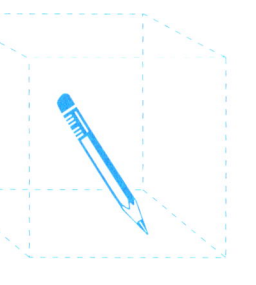

# 05 보고 자료

'훌륭한 타자는 볼은 건드리지 않고 스트라이크에 집중한다.'

야구경기 중에 공을 무조건 치게 되면 아웃도 나오며, 볼도 나오고 간혹 스트라이크도 나온다. 하지만 우리의 삶은 야구경기가 아니다. 아웃이 없다. 그러므로 무조건 볼을 치려고 하지 말고 과연 이 볼이 스트라이크로 연결될 수 있는지에 집중하여 효율적으로 생각하고 행동해야 한다.

이 말은 세계적인 경제학자이자 투자전략가인 워렌 버핏(Warren Edward Buffett)의 말이다. 우리 아이를 위한 교육도 무조건 남들이 한다고 여기저기 학원에 보내고 모든 걸 다 시켜서는 안 된다. 스트라이크 즉 우리 아이가 최대한 능력을 발휘할 수 있는가를 알고 인생의 스트라이크, 그리고 홈런을 치게 도와주어야 한다. 그것이 바로 선천적성검사 AAT의 정신이다.

270 놀라운 선천지능

## 서울 K구 거주 학부모 선천적성검사 실시결과

서울 K구 거주 7세에서 13세의 아동을 둔 부모 172명을 대상으로 2008년 2월부터 2009년 7월까지 실시한 선천적성검사 결과에서 약 60%의 부모는 안타깝게도 자신의 선천적성대로 살고 있지 않았다.

아이의 선천적성을 위해 부모들은 어떤 준비를 하고 있을까. 30%의 부모는 자녀에게 부모 자신이 이루고 싶었던 선천적성을 아이의 환경에 은연 중 투영하고 있었으며, 40%는 적성을 발견하고자 하지만 알 수 없으므로 주변을 보아가며 각종 조기교육에 매진한다고 답했다. 10%의 부모만이 자녀의 선천적성을 위해 환경을 조성하고 아이와 그 미래 비전을 공유하고 있었다.

## 경기대학교 서울교사 취업지원팀과 대학생 선천적성검사 실시결과

선천적성검사 연구소는 2009년 10월부터 11월까지 2개월 동안 경기대학교 서울교사 취업지원팀과 학부생 50명을 대상으로 개인별 선천적성검사 결과물을 제공하고 면접상담을 실시하였다.

이때 사전사후 질문을 통하여 학과적성과 진로효능감에 대한 변화를 측정하였다. 사전질문에서의 응답결과는 '자신의 전공과 잘 맞지 않는 것 같다.' 19명, '잘 맞는 것 같다.' 24명, '아직 잘 모르겠다.' 가 7명으로 나타났다.

학과적성에 대한 사전질문에서는 '전공과 잘 맞지 않는 것 같다.' 의 19명 중 70%에 해당하는 14명이 선천적성검사 학과적성 결과에 불일치함을 보였다. '전공과 잘 맞는 것 같다.'는 24명 중 69%에 해당하는 17명이 선천적성검사 학과적성 결과에 일치하였다. '아직 잘 모르겠다.'의 7명은 대부분 1학년생으로 드러났다.

진로효능감을 측정하기 위한 사전질문에서 진로에 확신이 낮거나 불안하다고 응답한 사람은 50명 중 80%에 해당하는 41명의 결과를 보였다. 선천적성검사 결과물을 제공하고 학과적성과 직업적성검사에 대한 상담을 실시한 뒤의 질문에서는 부전공 및 전과를 생각한다는 응답자는 31%에 해당하는 17명으로 나타났으며, 또한 진로에 대한 확신 및 긍정적인 응답자는 41명 중 89%에 해당하는 35명이었고, 6명만이 잘 모르겠다는 답을 하였다.

## 선천적성검사 항목 중 직업체질유형과 관련된 연구결과

현재 직업을 가지고 있는 서울 거주 성인 315명(남자 160명, 여자 155명)을 대상으로 선천적성검사를 실시하였다. 실제 종사하고 있는 직종과 선천적성검사 결과로 나타난 선천직업체질(직장형 187명, 사업형 65명, 자유형 63명)과 일치할 경우와 불일치할 경우에 따라 만족도를 조사하였다.

결과는 선천직업체질과 실제 종사 직종이 일치할 경우, 직업 만족도는 80%가 '만족하다'로 높게 나타났고, 불일치했을 경우, 78%가 '만족하지 못하다'의 결과가 나타났다. 이와 같은 결과는 진로를 결정할 때 자신의 타고난 선천적 직업체질검사가 필수적임을 보여주는 것이다.

즉, 선천직업적성이 사업형인데 실제로는 직장생활을 할 경우에는 직장에 전념하지 못하는 등 직업 만족도가 떨어져 창업이냐 직장이냐를 놓고 늘 진로에 대한 고민을 하게 된다.

반대로 선천직업적성이 직장형인데 실제로는 일정한 소속 없이 자유직업에 종사하고 있다면, 늘 소속감에 대한 콤플렉스를 느끼면서 타고난 능력을 제대로 발휘하지 못하게 된다는 결과가 나왔다

## 선천적성검사 항목 중 위험감수수준과 관련된 연구결과

진로를 선택하는 과정의 중요한 변수로 작용하는 직업선택 위험감수수준을 분석하기 위해 서울 및 전국 각 지역의 대학생 402명을 대상으로 위험감수수준을 측정하기 위한 설문지와 선천적성검사를 실시하였다.

검사결과에서 나타난 개인별 직업체질유형(직장형 136명, 사업형 123명, 자유형 143명)과 위험감수수준의 비교분석 결과 위험감수수준 평균점수에서 직장형이 가장 낮은 수준을 보였고, 자유형이 보통으로 나타났으며, 사업형이 가장 높은 수준으로 나타났다.

이 결과는 직장형의 체질은 안정된 직업을 선호하고, 자유형은 혼합된 성향으로 중도적이며, 사업형은 공개경쟁을 감수해야 하는 만큼 모든 면에 위험감수수준이 높다는 결과이다. 이 연구결과로써 선천적성검사의 직업체질유형검사는 진로 결정에 중요한 검사항목으로 채택되어야 함이 입증된 것이다.

## 선천적성검사 항목 중 직업유형과 관련된 보도자료

중소기업청 보도자료에 따르면, 지난 2003년부터 2006년까지 350만 명이 창업을 했지만, 300만 명이 폐업을 함으로써 창업자 대비 폐업자 비율이 무려 85%에 달하고 있다.

특히 최근에는 글로벌 경제위기로 사업자의 경영환경이 급속히 악화되고 있다. 2009년 2월 통계청 보도자료에 의하면, 2008년 11월에 비해 2009년 1월 기준으로 2개월 동안 42만 명의 사업자가 폐업했다.

통상적으로 사업자의 도산은 한 개인의 문제로 국한되지 않는다. 대부분 가정경제의 몰락으로 이어질 가능성이 크고 복잡한 채권채무 관계로 인한 주변 사람들과의 신뢰 훼손, 금융 부실 등 사회전체적으로도 큰 파장을 몰고 온다.

일반적으로 사업체 운영은 본질적으로 유동적인 환경 속에서 불확실성과 위험을 수반하기 때문에 생존을 위해서는 무엇보다도 사업자로서의 타고난 적성을 가지고 있어야 한다.

# 내 아이만의 타고난 선천적성을 최대한 빨리 찾아야 한다

불교경전인 《벽암록》에 줄탁동시(啐啄同時)라는 말이 나온다.

오랜 기간 부화를 기다리던 병아리는 드디어 세상 밖으로 나올 때가 되자 달걀껍질을 깨기 시작한다. 이렇게 병아리가 껍질을 안에서 깨는 것을 '줄(啐)'이라고 하고 이 소리를 오랫동안 기다리던 어미 닭이 밖에서 쪼아주는 것을 '탁(啄)'이라고 한다. 즉 어떠한 일이 잘되기 위해서는 동시에 이루어져야 한다는 의미를 담은 말이 '줄탁동시'이다.

30년간 교육과 육아의 장에서 활동해온 세계적인 육아상담의 권위자인 독일의 반 로게 박사(Van-Uwe Rogge 1947~ )는 아이들이 태어날 때 백지 상태가 아니라 빼곡하게 글씨가 적힌 종이 상태로 태어난다고 말했다. 부모는 그 위에 뭔가를 마음껏 쓸 수도, 결과가 나쁘다고 내용을 지우거나 수정할 수도 없다고 한다. 그가 주장하는 자녀 교육의 첫 번째 계명은 바로 아이가 지닌 고유한 기질과 성격을 인정하라는 것이다.

그렇다. 이 책 《놀라운 선천지능》은 바로 내 아이가 성공의 길을

가기 위해서 줄탁동시의 교훈과 같이 아이와 부모의 노력과 정성이 함께 이루어져야 한다는 것과 또한 아이가 태어날 때 지닌 고유한 적성을 그대로 인정하고, 그 고유한 선천적성을 찾아줘야 성공의 문을 열 수 있다는 것을 말하는 것이다.

수년 전 있었던 필자의 얘기다. 어려서부터 글 쓰는 솜씨가 있어 어문학 계열을 목표로 대학 입시를 준비하던 딸아이가 갑자기 영화영상학과를 진학하겠다는 것이다. 여자아이니 만큼 평범한 길을 원했던 부모의 심정은 당황스럽기까지 했다. 그러나 이미 나는 딸아이의 선천지능이 표현지능과 인식지능이 발달하여, 문학과 예술적 성향이 우수하고 창조적이며 모험심이 강하다는 것을 잘 알고 있었으므로 딸아이의 뜻을 결국 인정할 수밖에 없었다.

딸아이는 영화영상학과에 진학하였고 매우 즐겁게 대학생활을 하였다. 그리고 졸업작품은 작은 영화제에서 입상까지 하는 것을 보면서 자기가 타고난 선천적성대로 진로를 선택하는 것이야 말로 스스로 신나는 일을 하면서 잘살 수 있는 성공의 길이 됨을 더욱 절

맺음말  277

실하게 느낄 수 있었다. 대학 졸업 후 딸아이는 영화제작 공부에 빠져 미국으로 유학을 갔다. 만약 부모가 시켰다면 그렇게 할 수 있었을까?

이와 같이 필자 역시 두 아이를 키우며 아이 진로에 대한 부모의 고민을 너무나 잘 알고 있다. 일부 특별한 아이들 외에 대다수가 자신이 잘할 수 있는 적성이 뚜렷하게 드러나지 않거나 쉽게 드러나지도 않는다. 오히려 그것이 부모들의 마음을 더 안타깝게 하고 있다고 호소한다. 그러나 누구나 출생정보(사주)를 통하여 자신만이 잘할 수 있는 선천적성(놀라운 선천지능과 성공유전자)을 타고난다는 사실을 이 책을 통해 알았을 것이다.

그렇다면 세계최고 자리에 오른 피겨요정 김연아 선수와 골프황제 타이거 우주를 이긴 양용은 선수처럼, 아이의 선천적성을 되도록 빨리 찾은 다음, 그에 따른 아이의 노력과 부모의 양육 및 교육이 줄탁동시를 교훈삼아 생활해야 할 것이다.

또 아이가 열어야 할 성공의 문이 반드시 사회적으로 존경받는 직업만을 말하는 게 아님을 부모가 먼저 깨달아야 한다. 진정으로 내 아이만이 잘할 수 있는 타고난 선천적성을 최대한 조기에 찾아줄 수 있음으로서 성공가능성을 보다 활짝 열어줄 수 있기를 소망한다.

2010년 3월

저자 **김배성**

새우와 고래가 함께 숨쉬는 바다

지은이 | 김배성
펴낸이 | 전형배
펴낸곳 | 도서출판 창해
출판등록 | 제9-281호(1993년 11월 17일)

1판 1쇄 인쇄 | 2010년 4월 1일
1판 1쇄 발행 | 2010년 4월 6일

주소 | 121-846 서울시 마포구 성산1동 226-4 창해빌딩 2층
전화 | 070-7165-7500(代) / (02) 333-5678
팩시밀리 | (02) 322-3333
홈페이지 | www.changhae.net
E- mail | chpco@chol.com
  * CHPCO는 Changhae Publishing Co.를 뜻합니다.

ISBN  978-89-7919-951-2  13370

값 · 11,500원

ⓒ 김배성, 2010, Printed in Korea

※ 잘못된 책은 구입하신 곳에서 바꾸어 드립니다.

이 도서의 국립중앙도서관 출판시도서목록(CIP)은 e-CIP 홈페이지
(http://www.nl.go.kr/ecip)에서 이용하실 수 있습니다.
(CIP제어번호 : 2010001150 )